信頼ベースの
クラスをつくる

よくわかる
学級ファシリテーション①

かかわりスキル編

岩瀬直樹 著
ちょんせいこ

解放出版社

はじめに──幸せな子ども時代のために

　本書を手にとってくださり、ありがとうございます。
　この本は、岩瀬直樹（小学校教諭／埼玉）とちょんせいこ（ファシリテーター／大阪）が、互いの教育実践を丁寧にかみ合わせるなかで生まれました。
　遠く離れた地で実践を積んできた２人がこだわり続けてきたこと。それは「幸せな子ども時代」を支える「信頼ベース」のクラスづくりです。
　授業や日々の生活場面で子どもたちが笑い合い、助け合い、学び合い、高め合うことができる。そんな「幸せなクラス」のベースになるのが信頼。子どもたち１人ひとりが、本来もつ力を活かし合えるクラスです。

　先生が子どもたちの「心の体力」を温めることを大事にする。
　そんなクラスは、温まった子が次の子を温め、やがてそれが教室の文化や風土になります。友達の失敗を責めない。安心して新しいチャレンジができる。温め合うことが浸透し信頼がクラスのベースになると、そこから先は子どもたち自身の力で、いろんなことを乗り越えていきます。
　勉強も日々の生活場面でも、クラスが一つのチームとなって目標に向かうなかで、自分も友達も、明らかに今までとは違う力を発揮して「こんなところがあるんだ」と発見し合う。厄介なトラブルですら、クラスの成長の糧になります。先生がついカッとなってひどい怒り方をしてしまったときでさえも、子どもたちはそれを超えていきます。
　教室や学びのオーナーは子どもたち。
　先生はがんばらなくてもよくなります。
　そのためには、まずは先生が子どもたちの力を信じ、クラスを温めることが不可欠です。でも現実は、なかなかむずかしい。私たちの頭には

「いいことアンテナ」と「悪いことアンテナ」が立っていて、どうしても子どもたちの悪いことを拾って反応しがちです。
　授業が始まっても教科書を出さない。無秩序な私語や立ち歩きが続く。すぐキレル。乱暴になる。陰湿な揉め事を繰り返す。そんな場面に遭遇すると、私たちの「悪いことアンテナ」がビビビッと情報をキャッチして子どもを怒ります。態度に反省が見えないと指導もキックなる一方。でも怒った一瞬は収まっても、また同じトラブルが繰り返されます。
　注意、指導が増える教室は、子どもたちの関係性を冷やします。
　冷えた心からは、温かい言葉は出てきません。さらにけんかや私語が増え、授業の進度も遅れがち。例えば、理科の実験は危なくてできません。学びに深みがないから、子どもたちも達成感を得にくく学習意欲や成績も低下します。しらけてヤル気なしに見える子どもたちが、お互いを沈め合う悪循環です。

　私たちは怒りたくて、怒っているわけじゃありません。家庭状況や友達関係のしんどさなど、子どもが抱えるストレスや事情もわかります。でも、1人ひとりは「良い子」なのに、集団になると「調子に乗ってしまう」子どもを「抑える」具体的な方法は、怒る以外に何があるのでしょうか。
　もし怒るのをやめたらどうなるか。誰か1人を許したら、みんなが好き放題を始めてクラスが崩れるのではないか。そんな不安や恐怖心から、私たちは怒ることを止められません。「怒ることの公平性」でクラスを保とうとします。

　では、どうしたらよいのでしょうか。

　本書は「温めることの公平性」で信頼ベースのクラスをつくる具体的な方法を提案します。「いいことアンテナ」でしっかり情報をキャッチ

しながら、子どもたち1人ひとりの力を信じ「心の体力」を温めることからスタートします。

　チャンスはあふれています。毎日の授業や掃除、給食、なんでもOK。クラスの日常場面に友達とつながり、学び合える「小さな種」を蒔きます。

　最初が特に肝心です。丁寧に、丁寧に育てます。子どもたちが「ほら、ボクたちって力があるよね」と実感できるシーンを少し連続して生み出せると、クラスのなかに温かい関係性が育まれ、信頼の芽が誕生します。これをスモールステップで大切に育てていきます。

　学年や学期の始めからでもいいし、明日からでも大丈夫。いつでも始められます。その根っこになるのが、ファシリテーションという技術。本書では、教師がファシリテーターになるための考え方や具体的なかかわりスキルを最初に紹介しています。最初は、読んでもピンとこないかもしれません。でも、試してみるうちに、子どもたちのステキな姿に「ストン」と落ちるときがきます。そうなれば大丈夫。子どもたちの状況に合わせながら、自分でアレンジをして信頼ベースの授業や学級経営の進め方がわかるようになります。

　子どもたちが幸せな教室は、先生も幸せです。先生の振る舞いは子どものロールモデル（＝役割のモデル）。温め合う教室をつくるためには、温め合う職員室づくりも大事です。教職員も信頼ベースの一つのチームになるためにも、本書は、みんなで何度も読み返して、活用してほしいと思っています。

　小さな種を蒔いて、日本中の学校を幸せにしていきましょう。私たち2人があなたと一緒にゴールをめざします。

　　　2011年1月　　　　　　　　　　岩瀬直樹　ちょんせいこ

よくわかる学級ファシリテーション①―かかわりスキル編●目次

はじめに──幸せな子ども時代のために　3

「信頼ベースのクラス」のある一日　9

❶ 子どもの力を信じて引き出す先生＝ファシリテーター……16

❶「心の体力」を温めるエンパワメントなクラス　16
❷ 冷えた心は、まず温める　17
❸ 子どもたちの学び合う関係性を育み、温める　18
❹ 権利と権利の対立を乗り越える力とチームワーク　19
❺ 人権尊重スキルとしてのファシリテーション　20
❻ 一斉授業の特徴　21
❼ 聴き合う関係を育むファシリテーション　22
❽ 両輪が支える学び　23
❾ 子ども時代に幸せな「体験的な学び」を積み重ねる　24
❿ ゴールに向けたスモールステップを刻む　25

本書の取り扱い説明書　27

❷ ファシリテーターのかかわりスキル10か条 ………28

第1条　クラスはチーム。「1年後には、こうなりたい」。
　　　　ゴールを子どもたちと共有します　30
第2条　クラスや学びのオーナー（当事者）は子どもたち。
　　　　先生もその一員です　32
第3条　主語はボクたち、私たち。
　　　　「やらせる」「させる」ではなく「一緒にやろう」　34
第4条　心の体力を温める。学び合うプロセスを育む。
　　　　信頼ベースのクラスづくり　36

第5条　温める言葉：冷やす言葉＝４：１。
　　　　コミュニケーションのバランスを心がけます　　38
第6条　好意的な関心の態度が基本スタンスです。
　　　　それも「相手にとって」が、肝心です　　40
第7条　体験的な学びを大切にする。
　　　　スモールステップでゴールをめざします　　42
第8条　承認と共感に支えられた自己選択、自己決定。
　　　　質問の技で子どもに寄り添います　　44
第9条　失敗もする。感情にも流される。
　　　　それを大切な糧にします　　46
第10条　ひとりでがんばりすぎない。
　　　　仕事を楽しむ！　学び続けます　　48

３　ファシリテーションの技を磨く　……52

技1　インストラクション（説明）　　53
技2　クエスチョン（質問）　　58
技3　アセスメント（評価）　　66
技4　フォーメーション（隊形）　　74
技5　グラフィック＆ソニフィケーション（可視化＆可聴化）　　78
公開！　イワセンの教室掲示！……4年生の巻　　81

４　最初の１週間を丁寧につくろう……86

❶シンプルに「幸せになりたい」気持ちがモチベーション　　86
❷丁寧にプロセスをつくる　　87
❸温かい学びを積み重ねる　　87
❹見通しを立てて取り組む　　89
❺やりやすいところから始める　　90
公開！　イワセンの教室リフォーム　　129

❺ 1週間後の「クラス目標」のつくり方 ……… 159
- ❶ 授業や学級活動もゴールに向かうアクティビティ　160
- ❷ クラス目標を育てることでチームが育つ　160
- ❸ クラスの様子をアセスメントする時間　167
- ❹ 子どもたちの言葉でつくる　167
- ❺ 子どもたちが自立した学び手に　168
- ❻ 学級崩壊を経験した子どもたちのために　169

- ACT❶　質問の技を磨く　58
- ACT❷　学年集会　66
- ACT❸　「セブン・イレブンじゃんけん」　70
- ACT❹　先生からのメッセージ　93
- ACT❺　先生の自己紹介クイズ　94
- ACT❻　対話型絵本の読み聞かせ　99
- ACT❼　効果抜群！「振り返りジャーナル」　106
- ACT❽　学級通信　114
- ACT❾　お子さんの紹介文　118
- ACT❿　一筆箋で家庭へ連絡　118
- ACT⓫　黒板メッセージ　120
- ACT⓬　ホワイトボードでペアトーク　122
- ACT⓭　教室リフォームプロジェクト　126
- ACT⓮　静かをつくる　131
- ACT⓯　4つのコーナー　135
- ACT⓰　お掃除プロ制　139
- ACT⓱　席替え　143
- ACT⓲　自分らしさを活かす「会社活動」　145
- ACT⓳　通常の係活動の進め方　154
- ACT⓴　子どもホワイトボード・ミーティング　155

主な参考文献　174

おわりに　175

「信頼ベースのクラス」の ある一日

まずは、ボクのクラスの様子を紹介します。
信頼ベースって、どんな感じかごらんください。

　クラスは活気に満ちていて、みんないい関係で、笑顔があふれている。勉強も友達同士で教え合ってとても楽しそう。掃除当番も楽しく一生懸命取り組んでいる。「明日も学校へ来るのが楽しみ」と思いながら元気よく下校していく。
　先生も毎日学校に行くのが楽しくてしょうがない。子どもたちの成長に「この仕事をやっていてよかったなあ」と喜びを感じている。
　そんな「信頼ベースのクラス」の、ある一日をのぞいてみましょう。

朝

　学校に到着。車からおりて玄関に向かうと、大きな声が聞こえます。ニコニコ笑顔で手をふってくれる子どもたち。
「先生、オハヨーございます！」
「今日算数の続き楽しみー！」
「おはよう。今日も楽しくいこうね！」
　職員室前では、Ａちゃんが待ってくれています。
「先生おはよう！　配るものとかあったら、配っておくよ」
「お、ありがとう。じゃあ、これお願いしてもいいかなあ」
「OK。まかせといて！」

「助かるよ。いつもありがとうね」

　職員朝会が延びてしまい時計を見るともう9時。1時間目がとっくに始まっている時刻です。心配しながら教室に向かうと、やっぱり話し声が聞こえてきます。ドアを開けると、あれ？　算数の勉強をしている。みんな夢中になって教科書の問題を解いたり、友達同士教え合っています。ボクが教室に入っても、「あ、先生おはよう。遅かったね」なんて言って、すぐに勉強に戻っていきます。
　「何やってるの？」。小声でBちゃんに聞くと、「先生が遅かったから、みんなで相談して昨日の授業の続きを始めたの。ここでよかった？」
　「うん、もちろん！　自分たちで考えてやったんだー。ボク、なんだか感動しちゃったなあ」
　せっかくみんなが一生懸命やっているので、朝の会は後回しに。1時間目はこのまま算数にしよう。そう思ってボクも子どもたちの学びの輪のなかに入りました。

算数の時間

　クラスで一番算数ぎらいのCくんのそばに行ってみると、Dくんに教えてもらいながら明日のテスト勉強をしています。
　「Cくん、わからないところある？」
　「大丈夫！　Dくんが教えてくれてよくわかった！　ぼく算数好きになってきちゃった」
　「そうなの？　なんで？」
　「だってさー、わかるまで友達が教えてくれるんだもん」
　「そうかあ。ボクもうれしくなっちゃうなあ。Dくん、ありがとうね！」
　Dくんもなんだかうれしそう。
　そんな子どもたちのやりとりが教室のあちらこちらにあります。自分

たちで教え合ってカシコクナルゾ！　そんな熱気で、教室が満たされています。

　翌日。Cくんのお母さんから、「算数が好きになったって聞きました。勉強が好きと聞いたのは初めてです。とてもうれしく思いました」とお手紙が届きました。

　キーンコーンカーンコーン。
　1時間目終了のチャイムが鳴りました。

「もう終わりかー。集中していたからあっという間だったなあ」
「先生、朝、何かあったの？　遅いから心配しちゃった」
「ちょっと会議が長引いちゃってさ。遅くなってごめんね」
「平気。私たち自分で考えて行動できるからねー！」

「信頼ベースのクラス」のある一日

昼休み

　ドッジボールに行く子。教室で将棋をする子。国語で取り組んでいる物語の続きを楽しそうに書き続ける子。それぞれが自分の心地よいように過ごしています。ホワイトボードの前では、数人の女子が何やら深刻そうに座っています。
「どうしたの？」
「EちゃんとFちゃんがけんかになって両方泣いちゃったみたい。今、両方の事情を聞いて解決策を相談するところ」
　クラスの雰囲気がどんなに良くても、トラブルは、もちろん起きます。
「ボクもいたほうがいい？」
「自分たちで解決できるから平気だよ」
「わかった。じゃあ、どうしても困ったらボクに声をかけてね。あと、解決したら、どんなトラブルだったか、どんなふうに解決したか報告してね」
「OK。まかせて！」
　毎日のように起こるトラブルも、最近は、ほとんど自分たちで解決できるようになり、見ていて頼もしいかぎりです。

掃除の時間

　それぞれの掃除場所で、子どもたちはとても一生懸命。ボクがのぞきに行くと、汗を流しながら真剣にやっています。通りかかったほかのクラスの先生たちにも、
「すごいねえ。一生懸命でかっこいいなあ。担任の先生に伝えておくね」
なんて褒められています。早く掃除が終わったところは、まだ終わって

いない教室に行き、
「オレたちのところ終わったから手伝うよ」
「サンキュー!」
せっせと手伝い始めました。先生が声を荒げることは、ほとんどありません。
「すごいなあ」「ありがとう」
そんな言葉があふれる時間になっています。

帰りの会

　子どもたちは、毎日書いている「振り返りジャーナル」を取り出しました。このノートは、1日を振り返り、良かったことや残念だったこと、明日に活かしたいこと、担任に伝えたいことなどを自由に書くものです。Gちゃんのジャーナルには、こんなことが書かれていました。

「今日もいい１日だった。このクラスのいいところは友達関係が広い！かげ口もゼロで、みんながみんなを信頼し、信頼しているからこそ、チームワークがいいんだよー。算数の授業では、すすんでみんながいろんな人の場所に行って教えてもらう。または教えるなどをしてどんどん関係が広がってきたよ。もっといいクラスにしていくぞー！」
　ジャーナルを書き終わったら
「先生さよーならー！」
「また明日ねー」
　先生とハイタッチをした子どもから、元気よく教室を飛び出して行きます。さあ、ジャーナルを読んでから、明日の準備をしよう。明日も楽しみだなあ。

　いかがでしたか？　例えばボクはこんな１日を過ごしています。とは言っても、最初からこんなクラスづくりができたわけではありません。

正直に告白します。若い頃のクラスはもう大変。当時担任をしていた保護者に、「あの頃は先生、悲壮感たっぷりに一生懸命やっていたから言えませんでしたが、今でいう学級崩壊でしたよ」と数年後に言われてガーン。

　確かに落ち着かないクラスだったし、ボクの話は全然、聞いてくれなかったし、怒鳴ったときだけ静かになるけど、すぐにワイワイ騒がしくなって、授業中ずっと「静かに！」と注意し続けていました。保護者会で次つぎに厳しいことを言われて、泣きそうになったこともあったなあ。夜は、「苦情がくるんじゃないか」と家の電話がなるのが怖かった。先生に向いていないのかもしれない、そんなふうに悩んだ日もありました。

　楽しいこともたくさんあったけど、それ以上に大変なこと、苦しいこともありました。「今日学校に行きたくないなあ」と思ったのも、一度や二度ではありません。
　そんなボクが今、どうして楽しく先生を続けていられるのか。毎日学校に行くのが楽しくてしょうがない！　と思えるようになったのか。信頼ベースのクラスで過ごせるようになったのか。

　実はけっしてむずかしいことではないんです。

　子どもたち、先生である私たちには、クラスをつくっていく力があります。その力をお互いうまく発揮すれば、クラスはとてもステキになります。でも、それには、ちょっとしたコツがあるのです。そのコツを、この本でみなさんと共有したいなあと思っています。一緒に一歩を踏み出しましょう。

　　　　　（参考文献『最高のクラスのつくり方』埼玉県狭山市立堀兼小学校６年１組
　　　　　　〈2008年度卒業生〉・岩瀬直樹、小学館）

1 子どもの力を信じて引き出す先生＝ファシリテーター

> では、ファシリテーションの基本的な考え方を説明します。

　教室には、個性豊かな子どもたちが集まります。

　先生の言うとおりなんでもきちんとやる子。自己アピールが強く注目を浴びないと気がすまない子。すごく控えめで先生すら存在を忘れがちな子。乱暴な子。自分の思いが出せない子。にぎやかな子。おとなしい子。座って勉強するのが好きな子。動いてないと気がすまない子など、いろんな子どもがいます。

　子どもたちは、一日の大半を学校で過ごします。だから、学校が楽しいと幸せです。教室に一歩、足を踏み入れた途端、ホッとする。友達と楽しく遊べる。学び合える。トラブルも解決できる。

　そんな幸せな子ども時代を支える「信頼ベースのクラス」をつくるポイントは、先生がファシリテーターであること。

　まずは、基本的な考え方を説明します。

「心の体力」を温めるエンパワメントなクラス

　私たちの体に「体力」があるように、心にも体力があります。体は、しっかりご飯を食べて、しっかり寝て、しっかり動かしてエネルギーを

チャージしますが、「心の体力」は主に周囲とのコミュニケーションの積み重ねで温まったり冷めたりします。

　心の体力が温かいと、私たちは自分の力を発揮しやすいです。

　めざす目標が困難でも、「やってみよう」と思いやすい。ひとりでクリアするのがむずかしいときは、素直に「助けて」と周囲の力を借りることもできます。失敗からも学ぶことができる。心の体力が温かいと、安心してさまざまな可能性に挑戦し、自分らしく生きていきやすく、力を高めていけます。

　心の体力を温めて、私たちが本来もつ力を発揮して生きることを「エンパワメント」といいます。

　教室や職員室、そして家庭や地域社会がエンパワメントな場であることは、とても大切で、エンパワメントなクラスで過ごす子どもたちは、お互いの心の体力を温め合いながら、力を合わせ、伸び伸びと「思った以上の力」を発揮していきます。

❷ 冷えた心は、まず温める

　逆に心の体力が冷え込むと、子どもたちはやがて「自分やクラスなん

て、もうどうでもいい」と、自分らしく生きることを放棄します。いじめや差別の被害者や加害者になる、親や周囲の強いプレッシャーや期待、虐待に苦しむ、学級崩壊を経験するなど。心の体力が著しく冷え込む状態が継続すると、やがて心は疲れ、意欲的な生活を放棄することでバランスを保とうとします。

　何を言ってもヤル気なし。机に突っ伏して起きてこない。そうかと思えば妙なハイテンション。とても厄介に見えます。

　深みや厚みのないインスタントな関係がもたらす快感や温情、暴力、暴言の支配に取り込まれ、無気力や反発などの「問題行動」を繰り返す。そんな子どもたちを私たちは厳しい言葉と態度で指導し、問題を処理します。

　ところが子どもたちは「ごめんなさい」「もうしません」と反省を口にしますが、また同じような失敗を繰り返してしまいます。

　厳しい指導で、その場を抑えることはできても、問題が解決するわけではなく、逆に、この失敗体験の繰り返しが、子どもたちの抱える問題をより複雑化、深刻化させていきます。

　どうしたらよいのでしょうか。

　私たちファシリテーターは、冷えた心は温める。まずは、ここからスタートします。

３　子どもたちの学び合う関係性を育み、温める

　ところが温めたいと思っても、子どもたちに学び合う関係性が育っていないと「いいこと」よりも「悪いこと」が目につきます。繰り返される友達の取り合いや陰口。グループの対立。楽しいはずのサッカーやドッジボールでさえ、ルールを守れず途中で揉めて台無しになってしまう。そんな衝突は珍しくありません。

　私たちは関係性のなかで生きています。だから、１人ひとりはいい子

でも、友達との関係性が未成熟だと、互いの良さを活かし合えず、教室では、良いことよりも悪いことが頻繁に起こってしまうのです。

授業も同じです。子どもたちの学力は実に多様で、セッセとやる子の横で「わからない」子はわからないまま、ドンドン取り残されます。「注目をあびたい」子は、能動的に授業を遮り、怒られ、耐え切れなくなると反抗して、やがて教室から出て行くようになります。

いったい誰のニーズに合わせて授業や学級経営をするのか。

学び合う関係性を育むことに無策でいると、子どもたちは対立や、衝突を避けることにエネルギーを消耗します。そうなると、子どもたちの心の体力を温めたいと思っても、そんな場面も見当たらず、厳しく指導せざるをえません。

悩みながらも「怒ることの公平性」でクラスを保つことに精いっぱいになり、私たちは「子どもの力を信じられない」悪循環に陥ります。

権利と権利の対立を乗り越える力とチームワーク

人が集まる場所には、必ず「権利と権利の対立」が起こります。一方の利益はもう一方の不利益。どちらも間違っていない。言い分はわかる。

でも、双方が自分の意見を主張すると、衝突や揉め事を繰り返してしまう。そんな権利と権利の対立は、私たちの日常に満ちあふれています。2人以上が集まる場所には必ず起こるので、教室は、本来、さまざまな揉め事が起こる場所です。

権利と権利の衝突が起こったとき、私たちは「けんかはいけないこと」「やめなさい」と指導しがちです。でも大人も子どもも、社会で生きていく以上は、対立を避けて生きていくことはできません。

大切なのは、対立を乗り越える力（＝課題解決力）と無益な対立を起こさずゴールに向かって共に歩む学び合う関係性（＝チームワーク）を子どもたちが教室で育み、備えていくことです。

そのためには、まず子どもたち1人ひとりがクラスのオーナー（＝当事者）として、自分自身の力で考え、自己選択、自己決定をしながら自分らしく生きる（＝基本的人権の尊重）体験を積み重ねることが大切です。

そしてクラスが、共にゴールをめざす一つのチームになること。この2つのプロセスのなかで、子どもたちは共通のルールをつくり、折り合うことや合意に向けた工夫、友達と力を合わせる温かさや意味を学びます。その後の人生を支える「生きる力」を育むのです。

そのベースになるのが信頼。信頼ベースのクラスは、権利と権利の対立が、尊い学びのチャンスになります。

5　人権尊重スキルとしてのファシリテーション

そんな信頼ベースの授業や学級経営に有効なのが「ファシリテーション」という技術。ファシリテーションは権利と権利の対立が起こる教室に、良好なコミュニケーションでチームワークを育みながら、共にゴールをめざすことがとても上手な学級経営の技術です。1人ひとりの自己選択、自己決定を大切にする人権尊重スキルでもあります。

ファシリテーターとなった先生は、授業や学級経営のあらゆる場面で、

子どもたちの心の体力を温め、力を引き出し、聴き合いながら（共有）、共にゴールをめざします。その一つひとつのプロセスが、子どもたちの課題解決力を高め、互いに学び合うチームワークを育みます。クラスが成熟してくると、やがて子どもたちのなかにファシリテーターが誕生し「最高のクラス」をつくります。

6 一斉授業の特徴

　次ページの図をご覧ください。一般的な「授業」や「指導」は左側のイメージです。先生が話し続ける「一斉授業」は、子どもたちに「静かに話を聴く」ことを求めます。これがないと学びのベクトルが成立しません。しかし、話を聴き続けることには「疲れる」特徴があるため、どうしても子どもたちが集中しにくくなります。

　それを防ぐために、教材工夫などに力を注ぎますが、子どもたちの学習スタイルは受け身であることに変わりはなく、その学びの成果として「指示待ちの子ども」を育てます。実践的な力になりにくい特徴があります。

　しかも先生がひとりでがんばり続ける一斉授業の内容がマッチする子は、クラスの何人かです。「物足りない」「わからない」子は、授業のたびに不全感を募らせ、心の体力が冷えこみます。

　一斉授業や一方的な指導を続けると、子どもたちの関係性や課題解決力は未成熟なままになります。教室はチョットしたきっかけで起こるトラブルがあふれ、子どもたちは先生が「裁く」ことに頼ります。その結果、いつまでも先生ひとりがががんばり続ける、「力で抑える」クラスになります。

　先生の強い管理や指導が働く場面では落ち着いて見えても、それが外れると弾けてしまう脆弱さは、子どもたちに学び合う関係性やチームワーク、課題解決力が育っていない証拠。

子どもの力を信じて育まなかった「弊害」です。

聴き合う関係を育むファシリテーション

　一方、ファシリテーションを効かした授業は下図右のイメージです。星はゴールです。ファシリテーターがいる場を「ワークショップ」と呼びます。本来は「工房」や「作業場」の意味で、何かを創り出す生産機能をもつ場をさします。

　創り出したいゴールはなんでもOK。掃除を完璧にやる。全員が分数を理解する。読解力を高める。遠足をみんなで計画するなど、なんでもアリです。

　一斉授業が聴くことを求めるのに対し、ファシリテーションが効いている授業は、子どもたちに「聴き合う」関係性を育みます。クオリティの高い聴き合う活動は、学び合う、高め合う、つながり合う、温め合うことに直結しています。とても可能性が高い活動です。子どもたちは、能動的にかかわり合いながら、実践的な力を身につけていきます。

　ファシリテーターとなった先生は、クラスのゴールを子どもたちと共有しながら「アクティビティ」と呼ばれる活動を積み重ねます。

　アクティビティの機会はあふれています。毎日の健康観察、給食、掃

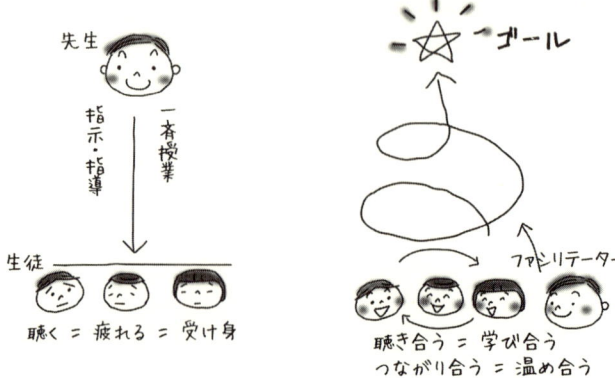

除、授業、生徒会、保護者懇談会、学級通信など。いろんな場面で、子どもたちの成長を支援しながら、共にゴールをめざします。

8 両輪が支える学び

　一斉授業とファシリテーションのどちらがよいのかという質問をよく受けます。答えは明快で、ファシリテーションを進めると、教室に信頼が育まれるので一斉授業のクオリティが高まります。一斉授業にファシリテーションを部分的に持ち込むことも可能です。両者の学びのスタイルはけっして対立しない。大切な両輪です。

　例えば、教室が落ち着かない、学級崩壊するクラスは、常に先生が怒り続けていることが特徴です。学級崩壊はクラスの信頼関係の崩壊です。

　トップダウンで繰り返される「静かにしなさい」「ちゃんとしなさい」と目につくことすべてを怒る先生の声や態度は、注意を受けた子だけにとどまらず、周囲の子どもたちの心の体力や関係性をも冷やし、教室の信頼を崩壊させます。

　満たされない、しらけきった子どもたちは、先生の話を聴く意味を見失い、教室は常にザワザワ。大切な話のときでさえも、先生の言葉は子どもたちに届きません。そして、「また怒る」の悪循環です。

　一方、子どもが落ち着いている、クオリティの高い集中や静寂をつくり出すクラスにも特徴があります。先生がファシリテーションという言葉を知らなくても、日常的にクラスや授業のめざす方向性を子どもたちと共有し、ペアやグループを活用して上手に聴き合う関係性を育んでいる。笑いやユーモアがある。そんなクラスは信頼に支えられた「しっとりとした集中」を創り出します。

　けっして力で抑えるのではない。満たされた信頼ベースの関係が、一斉授業のクオリティをも高め、いざというときの指示や指導も子どもたちとちゃんと共有できます。

9 子ども時代に幸せな「体験的な学び」を積み重ねる

　連続する日々の暮らしのなかで、繰り返し体験することで自分のなかに取り込み、定着したことを「体験的な学び」といいます。ファシリテーターは子どもたちのなかに体験的に学び合うプロセスを育みます。
　家庭や学校で、子どもたちは多くのことを体験的に学びます。
　体験的に学んだことは、なかなか変えることができません。逆に言えば、体験的に学んでしまいさえすれば、どんなピンチのときも支えてくれる豊かな学びとして構築されます。
　子どもの頃に「幸せ」をたくさん学ぶと、その後の人生が生きやすくなります。つらくて悲しい出来事を乗り越える体験は、ピンチのときも「大丈夫」「次に進める」ことを教えてくれます。
　子どもたちが日々、体験的に何を学ぶのかは、とても大切です。
　ただ、体験的な学びは、あまりに当たり前すぎて、自分では「何を学んでいるのかわかりにくい」特徴があります。自分との「違い」に出合ったときに、初めて自分の学びに「気づき」ます。そして行動を変えたいときは、もう一度体験的に学びなおすことが必要です。連続した日々の暮らしの「学びの成果」だから、言葉で注意するぐらいでは変わりません。
　例えば、日常のなかに暴力の学びがあると、子どもたちは簡単に教室で「再現」します。消しゴムが落ちた。肩がちょっと触れた。そんなさいなことがきっかけで友達にきつくあたり、暴力に発展してしまうのは、どこかに学びがあるからです。そんなときは、言葉や感情で注意、指導を受けてもピンときません。逆に、しばらく先生の話を黙って聞き、適当なタイミングで謝れば、その場を逃れることができる「体験的な学び」を積み重ねてしまいます。そして、また同じ失敗を繰り返します。
　こんなときは、反省の言葉も大事ですが、子ども自身が自分の行動の

意味に気づき、振り返る力を高めることで、暴力以外のやわらかいコミュニケーションでも、私たちはわかり合えることを体験的に学び直すことが必要です。時間と根気が必要ですが、子どもたちが毎日通う学校は、体験的な学び直しができる、とても尊い大事な学びの場です。

⑩ ゴールに向けたスモールステップを刻む

　めざすゴールがあるから、クラスは１つのチームになります。それがなければ、ただの人の集まり。力を発揮する方向性や役割分担をもたない集団は、「トラブル」という名のイベントを繰り返します。

　先生が先にゴールに立って子どもたちを見下ろすと、「早く、来なさい」とせきたてたくなります。しかし、長い道のりをどう歩けばよいのか。初めての経験に、「何を求められているのかわからない」子どもたちは迷います。見通しのない失敗の繰り返しは、やがて自尊感情や意欲を低下させます。

　ファシリテーターは授業や学級活動の場面で、クラスや１人ひとりの子どもがめざすゴールを照らし、共有しながら共に歩くパートナーです。

　ゴールまでの距離は長くても、ファシリテーターは子どもたちの横に

立ち、「次の一歩」をわかりやすく刻んで共有します。子どもたちの自己選択、自己決定を大切にしながら、ゴールに続く小さな、小さな「スモールステップ」を一緒に歩くのです。

「よしできた」「次もいける」。小さな成功体験の積み重ねは、子どもたちの自尊感情や自己有用感を育みます。

トラブルが起こったら、まずは先生がファシリテーターとなり、解決までの道を子どもたちと体験します。「十分な量」を体験し、ロードマップがイメージできたら、子どもたちに解決役を渡します。

最初はうまくいかず、そのたびにクラスは不安定になるかもしれません。しかし見通しのある失敗は、学びを深化させます。

先生がもつ「権限」を子どもたちに少しずつ委譲する。やがて教室のオーナーである子どもたちは、自分たちの力で次の一歩を進み始めます。

「先生がいなくても大丈夫。ボクたち、私たちでやっていけるよ」

自分のもつ力に気づき、クラスのベースが信頼になった教室からは、そんな声が聞こえてくる。先生がファシリテーターのクラスは、子どもたちが豊かなチームワークで共にゴールをめざす自立した学び手に成長します。

本書の取り扱い説明書

❶本書はクラス目標をつくるまでの「4月最初の1週間」のアクティビティを紹介しています。学期途中でも、「信頼ベースのクラスをつくる」と決めた日を4月第1日と考えて始めます。

❷「かかわりスキル10か条」や「5つの技」は、必ずできるようになるので練習を積み重ねます。例えば「今日は第7条の3を大事にする」と、意識するのも有効です。

❸全部のアクティビティをやらなくても大丈夫。やれそうなことから始めましょう。例えば「振り返りジャーナル」と「絵本の読み聞かせ」だけでも、「信頼ベースのクラス」に向かうことは可能です。

❹埼玉県人の岩瀬直樹と大阪人のちょんせいこが作成したため、「ボク／私」や「標準語／関西弁」が入り交じり、言葉に乱れがありますが、表記の揺れではありません。味わいとしてお楽しみください。

❺読み返すたびに新しい発見やヒントがあります。何度も読み返して活用します。私たちのホームページやほかの書籍も参考にしてください。そして、ぜひ、フィードバックをください。

岩瀬直樹　http://d.hatena.ne.jp/iwasen/
アドレス　naoki.iwase@gmail.com
ちょんせいこ　http://www.eonet.ne.jp/~facilitator/
アドレス　seiko.chon@gmail.com

1…子どもの力を信じて引き出す先生＝ファシリテーター　**27**

② ファシリテーターのかかわりスキル10か条

先生がファシリテーターって、具体的にどんな感じ？
「かかわりスキル10か条」を紹介します。

☐ 第1条　クラスはチーム。「1年後には、こうなりたい」。
　　　　ゴールを子どもたちと共有します

☐ 第2条　クラスや学びのオーナー（当事者）は子どもたち。
　　　　先生もその一員です

☐ 第3条　主語はボクたち、私たち。
　　　　「やらせる」「させる」ではなく「一緒にやろう」

☐ 第4条　心の体力を温める。学び合うプロセスを育む。
　　　　信頼ベースのクラスづくり

☐ 第5条　温める言葉：冷やす言葉＝4：1。
　　　　コミュニケーションのバランスを心がけます

> ファシリテーションは技術。ピアノやバスケットと同じで、練習するほど上手になります。

☐ **第6条** 好意的な関心の態度が基本スタンスです。
　　　　　 それも「相手にとって」が、肝心です

☐ **第7条** 体験的な学びを大切にする。
　　　　　 スモールステップでゴールをめざします

☐ **第8条** 承認と共感に支えられた自己選択、自己決定。
　　　　　 質問の技で子どもに寄り添います

☐ **第9条** 失敗もする。感情にも流される。
　　　　　 それを大切な糧にします

☐ **第10条** ひとりでがんばりすぎない。
　　　　　 仕事を楽しむ！　学び続けます

クラスはチーム。「1年後には、こうなりたい」。 ゴールを子どもたちと共有します

　ボクたちは、1年後、3月にどんなクラスになっていたら、このクラスでよかったと思える？　子どもたちと一緒に1年後にどんなクラスになっていたいか、クラス目標（ゴール）を決めます。すぐには決めません。最初の1週間は先生が仮のゴールを示し、本書のアクティビティで体験を積み重ねます。

　子どもたちがゴールをイメージすることに慣れてきたら、改めて一緒に「どんなチームになりたいか」を話し合ってクラス目標を決めます。それを大きく書いて教室に貼り出します。

　ゴールは常に生きています。授業や行事で、「どのくらい近づいた？」と、到達段階を振り返り、次の一歩を意識します。誰も気にしない、貼りっぱなしの「ただの風景」にはしません。

　めざすゴールがあるから、クラスは一つのチームになれます。ゴールに向かって、楽しいクラスの歴史を積み重ねましょう。

☐1　ゴールとルールは、区別します

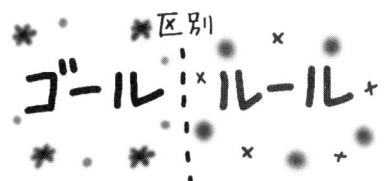

ゴールは子どもたちがドキドキ、ワクワクする言葉でつくることが大事。ルールは「話をしっかり聴く」などの行動規範。区別します。

☐2　ゴールがあるから、一つのチームになれます

ゴールをつくるプロセスに、子どもたち全員が参加します。みんなが中心。みんなで一つのチーム。だから、みんなでめざすことができます。

☐3　ゴールは振り返り、更新します

「今日はどの目標を意識する？」「やってみてどうだった？」「次はどうする？」。特に最初のうちは、毎日ゴールを意識して振り返りを積み重ねます。途中で更新もOK！

☐4　子どもの横に立ち、ゴールに向かって一緒に歩きます

理想のイメージから引き算で子どもたちを見下ろすと「できてないこと」ばかりが見えてしまいます。ファシリテーターは、ゴールへの具体的な次の一歩を示し、積み重ねます。

第2条 クラスや学びのオーナー（当事者）は子どもたち。先生もその一員です

　学びの当事者は子どもたち。だから教室のオーナーは子どもたちです。先生もその一員。大切な教室は、子どもたちと一緒につくります。

　教室は、学びを深め、つながり合う場。
　教室は、ホッとする楽しいリビングルーム。

　クラスが始まる4月の教室は、空っぽからスタートしてもOK。子どもたちと意見を出し合い、役割分担しながらデザインを決め、一緒に教室をつくります。ロッカーの名前シールや掲示物だって、子どもたちが作っちゃう。自分で作るから愛着がわき、教室が大切で温かい居場所になります。子どもたちのオーナーシップを育みます。

□1　子どもたちも掲示物を作ります

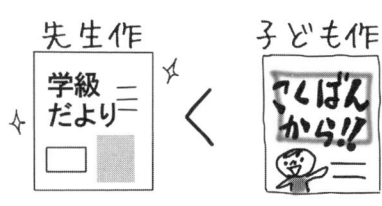

先生が作るキレイな印刷やピタリとそろった掲示物もいいけど、下手でもいいから、子どもが作った掲示物が温かくてステキ。とても価値があります。

□2　クラスの成長や学びの歴史を掲示します

初めて教室に来た人も。掲示物を見れば、クラスが何をめざしてきたのか、積み重ねがわかる。温かいクラスの成長や学びの歴史を可視化して共有します。

□3　授業や行事、クラスのことは、みんなで相談して決めます

授業や行事の進め方、揉め事を解決するのも先生1人ではなく、子どもたちと一緒に考えます。子どもたちの自己選択、自己決定を積み重ねます。

□4　子どもの機会を奪わない。代わりにやらない

モタモタしていても、それがその子のペースなら大事にします。すねて動かなくなったときも、失敗OKでチャレンジできる環境づくりを大事にします。

第3条 主語はボクたち、私たち。「やらせる」「させる」ではなく「一緒にやろう」

　子どもたちは、成長段階だから、未経験なことやできないことがたくさんあってOK。まずは、今の姿をしっかり受け止め、できないことも大事にしながら、ゴールに向かって共に歩んでいきます。

　先生の主語は「ボクたち」「私たち」。

　「やらせる」「させる」「がんばらせる」ではなく、「やってみよう」「してみよう」「一緒にがんばろう」。「ボクたちのクラス」「私たちのクラス」。使役の言葉は使わない。とても大事なスタンスです。

☐1　子どもたちと見通しを共有します

今、何をするときか。動線がわからないと子どもの動きが鈍り、私たちは使役の言葉が増えます。「何をするか」がわかれば、子どもは自分の判断で動きます。

☐2　○年生だから、できて当たり前……とは、思いません

子どもたちの課題は個別です。できないことも、これまでの体験的な学びの成果です。しっかりと受け止めて「次の一歩」を一緒にめざします。

☐3　「保安官バッジ」を捨てます

掃除のときも「サボッている子を注意するぞ」の視線でなく、「ちゃんとやっている子に注目するぞ！」を大事にします。

☐4　言うことを聞く子ではなく、自分で考え行動する子に育つ

子どもたちが「自分で判断する」練習を、何度も丁寧に積み重ねます。「先生がいなくても大丈夫」な子どもたちが育ちます。

第4条 心の体力を温める。学び合うプロセスを育む。信頼ベースのクラスづくり

信頼がベースになると困難を乗り越えやすい

　まずは先生が、子どもたちの心の体力を温めます。特に最初が肝心。「ホラ、ボクたちって、こんなステキな力があるよね」と小さな場面をつくり出し、自分や友達にポジティブなイメージを積み重ねます。

　「静かにしなさい」は、「静かをつくる」(131ページ参照) でルールを共有します。「もう知りません」など、子どもたちが「見捨てられ感」を深める言葉は使いません。目についたことすべてを怒らない。口癖のような冷たい言葉を減らし、温かい言葉がけを大事にします。

　温められた子どもたちは、やがて互いを温め合い、サポートし合うチームへと成長します。クラスのベースが「信頼」になると、ちょっとしたことで揉めない。厳しい課題も乗り越える力やチームワークが育まれます。

☐1　まずは、信頼関係をつくることを大切にします

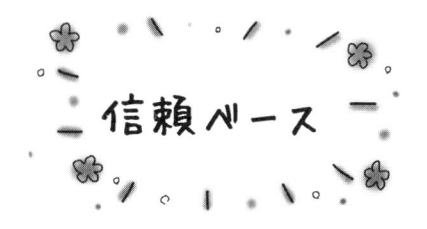

関係づくりから始めます。関係性が育ってないと、どんな言葉も届きません。大人も子どもも、信頼する人の言葉は心に届きます。

☐2　見捨てられ感を深める言葉は使いません

子どもたちが失敗を繰り返したとき。「もう知らんで！」のような言葉を使いません。本気で見捨てるわけでもないのだから、温かい言葉に変換して伝えます。

☐3　自分の思い込みで判断せず、子どもたちの意見を聴きます

子どもたちに「どうする？」「どうしたい?」と意見を聴く姿勢を大切にします。答えはなくても、同じ結論になるとしても、温かい問いかけが信頼関係を育みます。

☐4　やたらと子どもの関係性を冷やしません

注意、指導の言葉は、その子だけでなく、まわりの子どもや関係性をも冷やします。目につくことすべてを言葉にして怒っていると、教室は冷えます。

第5条 温める言葉：冷やす言葉＝４：１。コミュニケーションのバランスを心がけます

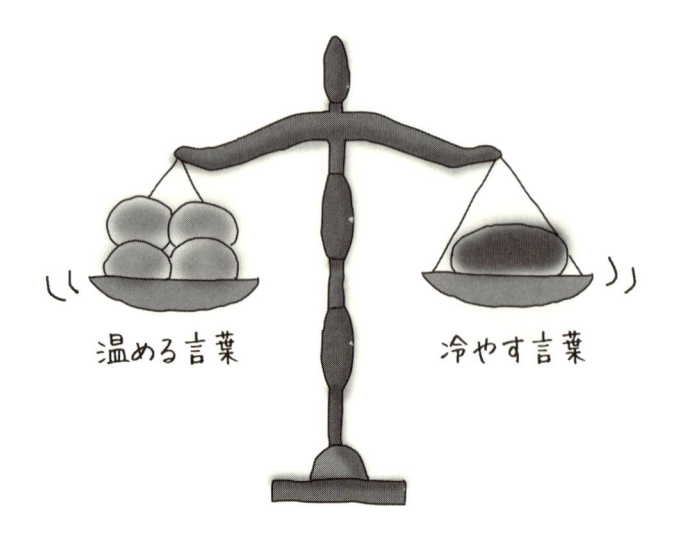

　温める言葉と冷やす言葉。子どもたちへの言葉がけは、４：１が基本です。３：１までだと、私たちは冷めた言葉をたくさんかけられていると感じるそうです。４：１でようやく１：１と感じます。

　何か一つ指導的な言葉がけをするときには、その前提として４倍の温かい言葉がけが必要です。
　例えば、教室で起こった「ステキなこと」は、大きな声で可聴化して、子どもたちと共有します。学級通信に掲載するのもOK。温かい言葉をかける場面を教室につくります。

　厳しく怒るときでさえも、「あなたのことを大事に思っている」ことをちゃんと伝えます。自分を大事に思ってくれる、信頼する人の言葉は心に届きます。冷たい言葉ですら、温かく感じます。

□1　結果だけではなく、プロセスを温めます

「つらいのに、がんばったよね」「あのとき、乗り越えたよね」。できたか、どうかの結果も大事だけど、そこに至るプロセスを承認、共感して温めます。

□2　怒るときはアッサリ。夕立のように怒ります

感情のままに怒り続けるのは、教室ハラスメントです。ネチネチとヒステリックに怒り続けない。アッサリ、夕立のように怒ります。あとはカラッと笑います。

□3　目立つ子ばかりに声をかけません

いつも注意される子は、先生のかかわりを感じています。その一方で「注意すらされない子」は、かかわりが薄くなりがち。クラス全員に公平で温かいフィードバックをします。

□4　職員室で、子どもたちの「いいところ」を話題にします

毎日、一緒にいるとグチや不満も言いたくなります。それもアリ。でもグチったあとは、子どもたちのいいところ、自慢話をしましょう。それもまた、4：1です。

2…ファシリテーターのかかわりスキル10か条　39

第6条 好意的な関心の態度が基本スタンスです。それも「相手にとって」が、肝心です

　「みんながいてくれてうれしい」気持ちを態度に出します。心で思っていても、態度に出さなければ効果はゼロ。日頃の場面や学級通信で、好意的な関心の態度を示すのが基本的なスタンスです。

　「先生の笑顔が基本」の教室は、安心感で満たされます。

　ただし、好意的かどうかは、相手が決めます。状況によっては、ニコニコするだけでなく、「どうする？」と選択肢を示したり、アッサリ怒りの感情を伝えたり、距離を保って見守るなど。子どもの状況により好意的な関心の態度をアレンジします。

□1　子どもが夢中なことに興味、関心をもちます

大人にとっては、価値が低く見えることも、子どもにとっては大事なことってあります。子どもの話に、のっかることも大事です。

□2　教室で起こっているステキなことを、声で可聴化します

先生がニコニコ笑顔でいてくれると子どもたちは、とても安心です。「消しゴム拾ってくれてありがとう」と教室で起こっているステキなことを声で可聴化します。

□3　相手にとっての「好意的な関心の態度」を大事します

密接なかかわりが息苦しいときもあります。見守っていることを伝えたうえで、少し距離をおくなど過刺激、過剰反応にならないことが大事なときもあります。

□4　温めることで、子どもたちをコントロールしません

温める言葉も、間違えばコントロールツールです。時には厳しい課題の直面化を進めることも必要。チャレンジを支える好意的な関心の態度が大事です。

第7条 体験的な学びを大切にする。スモールステップでゴールをめざします

　連続する日々のなかで、私たちは体験的な学びを積み重ねています。子どもたちの姿は、良くも悪くもこれまでの体験的な学びの成果です。

　「友達を大事にしてほしい」ときは、子どもたちが、まず「大事にされる」体験を積み重ねます。自分が大事にされる体験がたまると、やがて友達に再現します。だから、まずは先生が子どもたちを大事にすることから、スモールステップを積み重ねます。

　話を聴いてほしいときは「聴くことに価値がある」体験を積み重ねます。体験の量がたまると、子どもたちは、自分で行動を自己選択、自己決定するようになります。自分で判断して動きます。

　次の成長につながる失敗も大事な学びです。クラスは少し揺れて不安定になりますが、積極的な失敗が必要なときもあります。

□1　先生は子どもたちの身近なロールモデルです

言動と行動が一致していないと子どもたちは混乱します。信頼も育まれません。子どもたちは先生の態度や言動から体験的に多くのことを学びます。

□2　「インストラクション（説明）が悪くて、子どもたちに伝わらない。怒る機会を増やして失敗体験を積み上げてしまう」のは残念

子どもたちが自分で判断して動くためには、わかりやすい情報と見通しが必要です。情報は切り分けて、可視化して、共有します。

□3　「トラブルは成長の機会」。肯定的に受け止めます

トラブルも大切な成長の機会です。まずは先生が解決役になります。子どもたちは、その姿から体験的に学び、やがて自分たちで解決するようになります。

□4　子どもたちに任せる範囲が増えていきます

子どもたちは1年で成長します。4月と3月ではまるで別人。だからスモールステップで先生の仕事（権限）を子どもたちに移譲します。最後まで先生の仕事量が同じでは残念。

第8条 承認と共感に支えられた自己選択、自己決定。
質問の技で子どもに寄り添います

　内省を深める聴き方で、子どもたちの思考に寄り添いながら、一緒にものごとを考えます。焦って、先に結論を伝えない。迫らない。子どもたちが自分自身の力で結論に至る道筋を承認と共感と質問の技で伴走します。

　例えば、友達とけんかをしたとき。先生が、ガミガミ怒り続けたら子どもは思考をストップし、心を閉じます。これでは逆効果です。子ども自身が行動を振り返り、なぜこうなったのか、どうすればよかったのかを寄り添いながら一緒に考えることが大事です。

　そして最後に「どうしたい？」と問うことで、子どもの自己選択、自己決定を積み重ねます。時間はかかるけど、生きる力を育みます。

☐1　トラブル発生時も、子どもの意見をちゃんと聴きます

トラブルを起こしたときも重大さを伝えたあとは、冷静に話を聴きます。感情的で厳しい言葉を向けられると、私たちは思考を閉じます。ましてや暴力は論外です。

☐2　オープン・クエスチョンを活用します

聴く技術の一つがオープン・クエスチョン。感情的な場面や本人すら「よくわからない」ことも、聴くことで内省を深め、真意への到達を早めます。

☐3　承認と共感で話を聴きます

承認と共感をもらえないと、私たちは「わかってもらう」ことに、エネルギーを使います。承認と共感がもらえたら、思考を次へと進めます。

☐4　子どもの自己選択、自己決定の機会をつくります

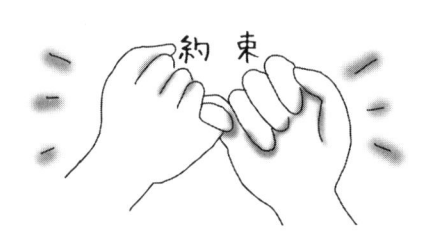

内省を深めたあとは、どうしたいかを子どもに聴くのが基本スタンス。必要なときには、選択肢を示します。間違った選択すら尊い学びの機会になります。

2…ファシリテーターのかかわりスキル10か条　45

第9条　**失敗もする。感情にも流される。それを大切な糧にします**

　頭ではわかってもいても、感情に流されて、つい子どもたちを厳しく怒鳴ったり、かかわり方を失敗することもあります。

　そんなときは、後悔しきりです。
　でも、人ってそんなものです。

　失敗したときは、素直に子どもたちに謝ります。「昨日のボクの態度は悪かった。ごめんなさい」。子どもたちもわかってくれます。焦らなくていいです。失敗を糧にしながら、「今日よりは、明日が良くなればいい」と思いながら、やっていきましょう。

☐1　子どもや保護者に批判されても、慌てません

気持ちは焦るけど、慌てて言い訳しません。批判は成長やいい関係を築くチャンス。「わかった、一緒に考えていこう」という姿勢が大事です。

☐2　問題が顕在化したときがチャンスです

突然に見えても、問題は起こるべくして起こるもの。早いうちに顕在化すればラッキーです。隠して抑えつけたら、さらに厄介な形で表出します。

☐3　自分らしさを大事に、行動や言動を選びます

先生は友人ではなく、明るく前向きな学び手のモデルです。素の自分をそのまま出さない。感情表現も、子どもたちの学びの一つであることを自覚します。

☐4　失敗したときは、素直に謝ります

人間だもの。失敗はあります。子どもに素直に謝ったら、それで終わり。また次に向かって進んでいきます。教室には、挽回のチャンスがあふれています。

第10条 ひとりでがんばりすぎない。仕事を楽しむ！ 学び続けます

やみくもにがんばらない。見通しをもって動きます。

　体は一つ。私たちも大切な存在です。毎日、遅くまで仕事をしていると疲れがたまり、仕事のクオリティが落ちます。子どもたちにもキツくあたってしまいがちになり、トラブルが続出。その対応のために、また遅くまで仕事をする……の悪循環です。

　まずは、この1年をどう過ごすのかを見通して、1学期、1カ月、1週間、何をするかを考えます。同僚や子どもたちの力を上手に借りながら、チームプレーで仕事をします。

　教室も、職員室も、信頼ベースが基本です。

☐1　「整理整頓が苦手。人生、いつも探し物」は残念！

仕事を効率的、効果的にするためには職員室の机の上はいつもキレイに整理整頓。教室の整理整頓は子どもたちと一緒にします。

☐2　休み時間は子どもたちとかかわるチャンスです

授業以外で子どもとかかわるチャンス。一緒に遊びます。職員室で同僚の先生との情報交換も積極的にします。休み時間を有効活用！

☐3　「がんばらない」でも「あきらめない」

体調や心の安定が保てないと、仕事のクオリティも下がります。「自分さえがんばれば」は間違い。抱えこまないことが大事です。

☐4　ずっと、ずっと学び続けます

困ったときがチャンス。学びましょう。学校内外にチャンスをつくり、仲間と一緒に学び合います。確かな技術が子どもたちの成長を支えます。

ファシリテーターのかかわりスキル10か条。いかがでしたか？
　「うんうん。納得！」という人もいれば、「書いていることはわかるけど、現実はむずかしい」という人もいますよね。

　でも、大丈夫。

　最初にも説明したとおり、ファシリテーションは技術です。ピアノやバスケットボールのように、練習すればするほど上手になります。
　子どもたちの心の体力を温め、引き出し、共有しながら、一つのチームとして共にゴールをめざす。そんな授業づくりや学級経営は、技術を練習すれば、誰にでもできるようになります。
　例えば、人の話を聴くのが「超苦手」な人も。
　「オープン・クエスチョン」や「好意的な関心の態度」で承認と共感することを練習すれば大丈夫。

　でも特に最初は、繰り返し練習を積み、体験の量をためることが大事です。何事も最初はうまくいかなくて当たり前。だから、簡単にあきらめず、練習を積み重ねます。

　日々の授業や学級経営、子どもたちとのかかわりのなかで、少しずつ進んでいきましょう。悩んだらチャンス。この本を読み返してください。そのときどきの「学びのポイント」を感じるはずです。

　子どもたちの未来は、可能性にあふれています。
　私たちの未来も、同じです。一緒に進んでいきましょう。

質問コーナー

> 子どもたちを温めようと思っても、ナカナカむずかしくて、気がつけば冷やしてばかりいます。
> 言葉では「温める」って、なんとなくわかるのですが、具体的には、どのようにすればいいですか。

　例えば、教室で「シットリとした静寂に支えられた集中をつくりたい」ときは、まずは「静かをつくる」（131ページ参照）で体験的に学びます。「冷やす言葉は言いたくないから、説明のときは、前を向いてね」と最初に子どもたちと情報共有することって、とても大事で温かいことです。

　子どもたちって、もともと静かをつくる力が、あるんですよね。

　ところが、グループ活動に熱中したり、関係のない話をして、なかなか静かをつくれないときもあります。そんなとき、「静かにしなさい」と冷やすことも可能だけど、それはホントに、よっぽどのときだけ。

　前に立って待っていると、次つぎと気づいた子から静かをつくり始めます。隣の子にも小声で教えてくれる。最後まで気づかない子の顔を見ながら待っていると、そのうち気づいて「わたし？」とジェスチャーで質問するので、私も声を出さずに笑顔や変顔で「うん」と答えます。静かをつくれたら「はい。ありがとう」と言ってから、話を始めます。

　「怒られたから静かにする」ではなく、「自分で気づいて静かにする」ことを大事にしたい。そして、その行動や協力には、素直に感謝を述べる。そんな温かい関係性を大事に積み重ねます。

　特徴的なのが、最後まで気づかないのは、クラスでもあまり目立たない子だったりします。「自分くらいは大丈夫」と思ってしまっている当事者性の低い子が多い。いえいえ。そんなことないよ。あなたのことも、しっかり見守っているし、あなたのかかわりもクラスに大きく影響するんやで。そんな思いで、前に立ちながら、子どもたちを温めている感じです。伝わるかなあ。

2…ファシリテーターのかかわりスキル10か条

③ ファシリテーションの技を磨く

健康観察や教室移動、掃除、行事、授業など。日常に「学び合うプロセス」をデザインする5つの基本技を磨きます。

技1　インストラクション（説明）
情報を共有するときに欠かせない技。最初に切り分けて、見通しを共有します。これが悪いと、子どもたちの動きが鈍ります。

技2　クエスチョン（質問）
内省を深める質問で、聴き合う、学び合う関係性を育みます。自己選択、自己決定を促進し、積み重ねていきます。

技3　アセスメント（評価）
クラスの関係性やチームとしての到達段階を評価し、ゴールに近づくためには、今、何をするのか。具体的な次の一手を考えます。

技4　フォーメーション（隊形）
目的によってグループサイズや並び方などのフォーメーションを変えます。机の配置や距離感で、適度な一体感やバラバラ感を育みます。

技5　グラフィック＆ソニフィケーション（可視化＆可聴化）
何を引き出して共有すれば場は温まるのか。常にその場を温める情報を可視化、可聴化して共有します。

技1　インストラクション（説明）

まずは最も基本的な技「インストラクション」の方法です。

クラスで活動するとき、子どもたちがスムーズに動くためには、わかりやすいインストラクションが大事です。インストラクションが悪いと、子どもたちは「どう動いたらいいのかわからない」まま、とにかく動き始めます。その様子が、私たちのイメージと違うと、あとから「ちゃんとしなさい」と、注意や指導の言葉で無用に冷やすことになります。

情報は最初に共有することが大事。その場その場で、あとから説明をつけ足すのはNGです。

しっかり情報共有する説明の技を磨きましょう。

●まずは、普通のインストラクション＝5つのコツ

1　必要な情報を切り分けて順序だて、最初に子どもたちに伝えます
2　情報を黒板などに書き、可視化して伝えます
3　「スタート！」と子どもたちが動く「きっかけ」を提供します
4　子どもたちが慣れるまでは、日々、繰り返し体験します
5　積み重ねると、やがて子どもたちは自分で判断して動きます

私たちのインストラクションが上手だと、子どもたちが聴くことの価値を感じやすく、話を聴けるようになります！　ダラダラと長くならないことが大事です。では、授業中の教室移動の例で考えてみましょう。

授業中、保健室に移動するとき…普通のインストラクション例

1 「今から身体測定に行きます」。静かをつくって廊下に出ます
2 出席番号の順番に並びます
3 静かをつくったまま、移動します
4 保健室では、前から5人ずつ列になって並びます
5 静かをつくって、体育座りをします
6 「お願いします」「ありがとうございました」と声をかけます
7 終わった人から、静かをつくって教室に戻ります
8 もう一度、1〜7の説明を繰り返します
9 では、いきます。はいスタート！

普通のインストラクションの板書

1. ろう下に出席番号の順に並ぶ
2. 静かを作ったまま移動
3. 保健室では、前から5人ずつ列になる
4. 静かを作って体育ずわり
5. 「お願いします」「ありがとうございました」
6. 終わったら、静かを作って教室へ

　体験的な学びがないと「はい、保健室に行きます」というザックリした説明だけでは、ワチャワチャと廊下に出て、授業中なのにおしゃべりをして、保健室でも整列せずに「ちゃんとしなさい！」と注意、指導する機会をつくってしまいます。これは避けたい。
　このように、1〜7に切り分け、順序立てると、子どもたちは「何を求められているのか」がわかるので、動きやすいです。
　まずは、普通のインストラクションの技を磨くことを意識します。そ

して、ファシリテーターは教室移動も「学び合うプロセス」をデザインしたアクティビティに変身させます。

● **ファシリテーターのインストラクション＝5つのコツ**
1　最初に行動の目的や意味を子どもたちと一緒に考えます
2　子どもたちがドキドキ、ワクワクするチャレンジを盛り込みます
3　ユーモアや笑いを大切にします
4　何をすればよいか。子どもたちの声を聴き、意見をもとに、方法を組み立てていきます
5　終わったあとは、チャレンジを振り返り、次回につなげます
　（ACT⑦「効果抜群！『振り返りジャーナル』」106ページ参照）

ファシリテーターのインストラクションの板書

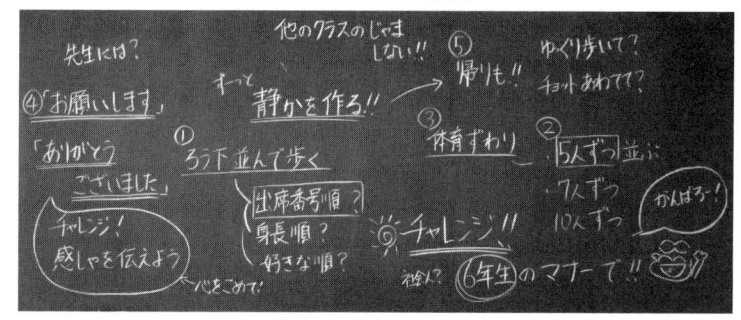

ファシリテーターのインストラクション例（約10分）

1　今から身体測定に行きます。今、授業中だよね。ほかのクラスに迷惑をかけずに保健室に移動するには、ボクたちは、どんなことに注意すればいいかな？　隣の人と聴き合ってみよう
　（※1　子どもたちに意見を聴き、どんな意見も板書する）

2　そうだよね。じゃあ、どの順番でやっていこうか。うんうん。あれ、何か足りなくない？　廊下には、どんな順番で並びますか？　うん。意見をありがとう。じゃあ出席番号順に並ぼうね

3 ところで保健の先生は、1〜6年生まで全員の身体測定を今日一日でします。大変だね。どんな挨拶をしたらいいかな（※1）

4 そうだね。じゃあ、どの言葉をかける？ 了解。「お願いします」「ありがとうございました」と声をかけることにしよう。ボクたちのマナーが良いと保健の先生も助かります（※2 選んだ意見を囲む）

5 ところで、今日の身体測定のマナーは、「小学校低学年、中学年、高学年、中学生、高校生、社会人」のどのレベルにチャレンジする？（※1）

6 OK。じゃあ、今日は6年生のマナーにチャレンジしようね。6年生のマナーって、どんな感じかなあ。いつも6年生の人たちは、朝の会のとき、どんな様子かな？ 聴き合ってみてください（※1）

7 なるほどねえ。じゃあ、今日はどれにチャレンジする？（※2）OK。しっかりと心を込めて、6年生のマナーにチャレンジしよう

8 では、黒板に書いた順番をみんなで確認してからいきます（黒板を2回読んで確認）

9 よ〜いスタート！

ポイント1 子どもたちの声でつくっていく

「一緒に考える機会」を生み出すことで、意見やつぶやきを集め、行動の目的や方法を子どもたちの声でつくりあげます。

ペアで聴き合えば、参加度が高まります。意見が出にくいときは選択肢を示し、自分たちの目標を選んでチャレンジします。

機会は日常にあふれています。ファシリテーターがつくりだすのは、子どもたちがドキドキ、ワクワクした気持ちで取り組める学び合うプロセス。「やりたい、やりたい」気持ちが高まり、「スタート」のきっかけで、「やるぞ！」と、前のめりに弾けて動き出す瞬間を積み重ねます。

やがて子どもたちに経験と見通しが備わると、自分で判断して動きます。「保健室に行こう」だけで十分になります。

ここで育まれる力は、学校内外のどんな場面でも活かせます。
　私はなんのために行動するのか。そのために何をすればいいのか。ワクワクした気持ちでチャレンジする姿はホントに頼もしい。その力を封じ込めない。お互いの意見を聴き合い、必要な情報が共有できると子どもたちが力を発揮するステージが温められます。こうして、子どもたちの力を引き出し、学び合うプロセスをつくるのが、ファシリテーターのインストラクションです

ポイント2　出てきた意見は板書し、選んだ意見を囲みます

　子どもたちから出てきた意見は、間違いやふざけた意見であったとしてもまずは、いったん黒板に書いて受け止めます（意見の承認）。その後、出てきた意見から、採用する意見を選んで赤で囲み、番号をつけ、子どもたちの意見で行動の目的や方法をつくります。

■ファシリテーターは、学び合うプロセスをつくる

　同じ立場の仲間や同僚のことを「ピア」といいます。私たちは「ピア」から良くも悪くも大きな影響を受けます。
　新聞やテレビから悲しいニュースがたくさん流れ、不信や不満の情報が充満している現代は、私たちが無策でいると、子どもたちは一緒にいることが「ピアプレッシャー」や「ピアストレス」になります。お互いを沈め合い、しんどくなりがちです。
　ファシリテーターは、戦略的に信頼ベースの温かい関係性を育むことで、子どもたちが、お互いの意見や姿に学び合う「ピアサポート」や「ピアエデュケーション」の関係性を育みます。最初はできなくても大丈夫。小さな成功体験を大事に積み重ねると、やがて子どもたちはお互いの姿に学び合います。

技2　クエスチョン（質問）

　学び合うプロセスをデザインするとき、私たちが上手に子どもたちの声を拾う技術や、子ども同士が「聴き合う＝学び合う」関係を育む技術をもつことって大事です。そこで2つめは、質問の技術。

　子どもたちが本当に伝えたいこと（＝主訴）は何か？　言葉の「表層」ではなく、思考に寄り添う質問で子どもの内省を深めます。行動プロセスや感情を振り返ると、自己選択、自己決定のプロセスがつくりやすく、子ども同士も、質問方法を練習することで、より深く聴き合える関係を育みます。まずは、2つの質問方法を体験してみましょう。近くの人と試してみてください。

ACT❶　質問の技を磨く

●目的
1　矢継ぎ早な質問が、話をそらすことを体験する
2　オープン・クエスチョンで話や思考が深まることを体験する

●ペア・コミュニケーション…「なんで？」バージョン
1　ペアになり、じゃんけんをします
2　勝った人は、朝、起きてから今までにしたことを時系列で話します
3　例えば、6時に起きて歯を磨き、顔を洗い……という感じです
4　言いたくないことは言わない。言えることだけでOKです
5　負けた人は、そのイチイチに「なんで？」と突っこみます
6　勝った人は時系列で話そうしても、話はあらぬ方向に進みます
7　どう展開するかは、ペアにお任せします。ではスタート！
8　1分たちました。どうでしたか？　そうだよね。話がぜんぜん違うところにいくよね。じゃあ、今度は役割を交代してやってみよう。

質問の技カード

オープン・クエスチョン
（思考を広げ深める質問）の例

1　〜というと？
2　どんな感じ？
3　もう少し詳しく教えてください
4　例えば？
5　具体的にどんな感じ？
6　どんなイメージ？
7　エピソードを教えてください
8　なんでもいいですよ
9　ほかには？

あいづちの例

1　うんうん
2　なるほど、なるほど
3　わかる、わかる
4　そうなんだあ
5　へえ
6　だよねえ
7　それで、それで
8　そっかあ

クローズド・クエスチョン（はっきりする質問）の例

1　数量（日時、回数、価格など数字で表すこと）
2　名前（人名、商品名、事業所名、場所などの固有名詞）

自己選択、自己決定を問うときの例

1　どうしたい？
2　どうなったらいいと思う？
3　（選択肢のなかから）どれと思う？

1　このページをコピーして、ラミネート加工します
2　子どもたちに配布をして、日常的に練習します
3　子どもホワイトボード・ミーティングでも使います

Ⓒ『よくわかる学級ファシリテーション①―かかわりスキル編』
岩瀬直樹・ちょんせいこ、解放出版社

特に最初は、短時間、たくさんの人とのペア・コミュニケーションを積み重ねます。オープン・クエスチョンもだんだん上手になります。練習しましょう!

●ペア・コミュニケーション…「オープン・クエスチョン」バージョン

1　ペアになり、じゃんけんをします
2　勝った人が聴き手です。負けた人に質問をします
　　例:「昨日、何をしていましたか?」
3　負けた人に、オープン・クエスチョンだけで質問を続けます
4　あいづちの言葉や態度も心を込めて伝えます
5　固有名詞と数量はクローズド・クエスチョンで聞きます
6　言いたくないことは、言わない。言えることだけでOKです
7　まず1分に挑戦。できたらどうする?　よし3分に挑戦しよう!
8　時間がきたら終了し、役割を交代します

　2つの質問の違いを感じていただけたでしょうか。
　話の途中で「なんで?」と問われ続けると、ドンドン話が言いたいことから乖離(かいり)します。このように相手の発言や思考を遮り、話の主導権を聴き手が奪ってしまう行動を「主訴を引き取る聴き方」といいます。これでは、質問するほど逆効果です。
　ファシリテーターは「主訴を引き取らない聴き方」を大切にします。オープン・クエスチョンは話し手が質問に答えることで内省が深まり、より具体的なエピソードや情報を共有することができます。自分でも気づかなかったイメージや考えが引き出されます。

> サッカーの試合に行ったよ!!
> ↳ となりの小学校で
>   試合があったよ
>
> ① 2回勝って1回負けた
> ② 勝った試合シュート決めた!
> ③ 2試合とも3本シュート決めた!

　オープン・クエスチョンのあとに数字や固有名詞をクローズド・クエスチョンで聞くと、より情景が浮かび上がります。

■例：昨日、何をしていましたか？

「サッカーの試合に行ったよ」
　　⬇　〜というと？
「隣の小学校で試合があったよ」
　　⬇　具体的にはどんな感じ？
「えっと。ボクらのチームは、2回勝って1回負けた」
　　⬇　もう少し詳しく教えてください
「勝った2試合は、ボクが両方ともシュートを決めたよ」
　　⬇　そうなんや。成功率は？（クローズド・クエスチョン）
「2試合とも3本シュートして3本とも決まった！」

　続けて聴いていくと、まだまだ情報が引き出されます。「あ〜、そんな感じ！」と、話し手と聴き手の間で情景が共有されたら「ほかには？」と次の話に移行するタイミングです。話し足りなければ、同じ話題を続けることも可能。話し手の自己選択が尊重されます。
　上手なファシリテーターは、本当にたくさんの情報を引き出します。でも事情聴取ではありません。「言いたいことだけ言ってね」と、逆に

引き出し過ぎないことに配慮しながら、話し手が安心できる場づくりを心がけ、ゆったり落ち着いて話を聴きます。

聴き手のストーリーに巻き込まない。話し手の内省や思考を深め、情報を共有する。質問の技を磨きましょう。

ポイント① 沈黙を恐れない

沈黙すると焦って、閉じた質問になりがちです。こんなときは「ちょっと待つよ。言いたくなったら言ってね」と数分間、待ちます。相手にとっては「待ってくれている温かい時間」です。

ポイント② うそをついているとき

体験的にうそを学んでいると、子どもは無自覚なままうそをつきます。例えば、A3用紙に文字で可視化しながら聴き「話のつじつまが合わないこと」に本人が気づくことを促します。そして「うそで塗り固めなくても大丈夫」な体験を積み重ねます。尊い学びです。

厳しい口調や大声で怒鳴られると、私たちは思考を閉じます。何も考えられなくなり、反抗するか、ただ謝罪を述べるだけで終わります。そして同じ失敗体験を繰り返します。

けんかのあとの厳しい指導の場面でも、オープン・クエスチョンでプロセスを共有してから「どうしたいのか」自己選択、自己決定を聴きます。行動の選択肢がないときは、いくつかの例を示し、選ぶ、または選ばない体験を積みます。

繰り返しているうちに、だんだんと自分でプロセスを振り返り、整理して考える力がつきます。すぐにではないけど、この力が育てば同じような場面に遭遇したとき、違う行動を選ぶこともできるようになります。

内容が深まり、どこまでがOKで、どこからがNG

だったのかが見えてくると、次はどうすればよいのかが、具体的にわかりやすい。社会に出てからも役に立つ振り返る力が育まれます。

■揉め事が起こったときのホワイトボード・ミーティング

　質問の技で話を聴き、ホワイトボードに可視化します。なければＡ３用紙でもOK。ホワイトボード・ミーティングの「発散→収束→活用」のプロセスでトラブルの当事者の話を聴いていきます。

発散：起こった事実や感情など。当事者双方の意見を聴きながら書く。オープン・クエスチョンでより具体的な場面やエピソードを切り分けて、順序だてて聴き可視化します。

収束：共有された情報のなかで、例えば「一番、腹立ったことは何？」「本当はどうしてほしかった？」「何がいややった？」など収束の軸を立てて、優先順位や起因を浮き上がらせます。

活用：「どうしたい？」と質問し、当事者が解決方法を考えます。ない場合は解決策をほかの子どもたちから募集したり、いくつかの選択肢を示し、当事者が選びます。

(参考文献『元気になる会議』ちょんせいこ、解放出版社)

● 再現…ある日のけんかの指導場面の対話

> ドッジボールで友達と揉めてしまったあとの1対1の対話です。内省を深めるプロセスをつくる質問方法をなんとなくイメージしていただけるとうれしいです。

せいこ：どうしたん？（ドカッと座り、静かな迫力をまず態度で伝える）

せいこ：どうしたんかな？（落ち着いた声で聴くよという態度）

子ども：むちゃ、むかつく！　Aは絶対、許せへん！

せいこ：むかつくんや。そっかあ。もう少し、詳しく話してみて。

子ども：オレが悪いんちゃう。アイツが無視するから悪いねん。

せいこ：そうなんや。どんな感じ？

子ども：オレにボール投げろって、何回言っても無視する。

せいこ：そっかあ。無視するんや。腹立つなあ。具体的には？

子ども：……

せいこ：言いたくないなあ。言いたくないことは言わんでもええで。

子ども：……「こっち！」て言ってもBにばっかり投げる。

せいこ：そっかあ。Bにばっかり投げるんや。何回くらい言った？

子ども：……3回くらい。

せいこ：3回くらいかあ。どれくらい大きい声やった？　ちょっと、今から3パターンくらい出してみるから、どれに近いか教えてな。
　　　　※声を3パターン出してみて、選んでもらう

子ども：2回目のくらい。

せいこ：これぐらいなんや。それでAはどうやった？

子ども：全部、無視してた。

せいこ：ふうん。無視してたんや。そっかあ。

子ども：「何回も呼んだやろ」って言うたら「そんなん知らん」て。

せいこ：うんうん。そっか。それで？

子ども：むかついたから、ボール思いっきり投げて殴った。
せいこ：腹立ったんや。そっか……。どうしたらよかったと思う？
子ども：……1回目の声ぐらいで呼んだら聞こえたかもしれへん。
せいこ：そっかあ。ほかには？
子ども：……先に作戦、相談しておいたら、よかったかも。
せいこ：ふ〜ん。それは名案やなあ。例えば？
子ども：……校庭に行く前に「オレに投げて」って言う。
せいこ：なるほどなあ。でも、もしそれで投げてくれへんかったら、また今日みたいにけんかになったら困るなあ。
子ども：……オレも投げるからって言っとく。
せいこ：うまくいくといいなあ。じゃあ、今、Aくんに何か言っとくことあるかな。
子ども：わからん。……殴ったことは悪かった。
せいこ：今はわからんなあ。じゃあ、3つから選んでみよか。今日は謝るだけにする。謝って、次にドッジするときの作戦を相談する。自分では謝りにくいから、私が代わりに今の話を伝える。

　話を聴くときの基本的なスタンスは「承認」と「共感」です。子どもの思いや感情をそのまま受け止めることを態度で示すのが承認。例えば言葉をそのまま書きうつすことは承認行動の一つです。そして、子どもの気持ちを言葉や態度で代弁する行動が共感。この技術を磨きます。同感しなくてもかまわない。承認と共感をもらえたとき、私たちは思考を前へと進めることができます。これがなければ「わかってもらうこと」にエネルギーを注ぎ、前へ進めません。
　大声で怒らなくても、承認と共感で話を聴くうちに、子どもは自分を振り返り、解決策を考えます。怒りにまかせる指導よりも効果的な支援です。その後の人生を生きる力を育みます。

3…ファシリテーションの技を磨く

技3 アセスメント（評価）

　チームがゴールに向かうとき。ファシリテーターは、子どもたちの言葉や行動、関係性の背景にある情報を収集して、チームとしての到達段階や成熟度を見立てます。これをアセスメントと呼びます。

　大切なのは「できる」「できない」ではなく、「ゴールへ向かうのに、何がチームのハードルになっているのか」を見立てること。それがわかれば、ゴールまでの距離を測り、必要な時間数（期間）を割り出して、ハードルを越えるための、スモールステップをデザインできます。アセスメント次第で、一つのアクティビティも幾とおりにもアレンジしながら活用できる、とても大事な技なのです。

ACT❷ 学年集会

● ある先生の相談

　４月から月２回の学年集会を始めました。小学５年生、35人×３クラスです。子どもたちは落ち着きがなく、なかなか上手に整列できません。体育館のボールで遊ぶ子もいて、始めるまでに、ひとしきり注意が必要です。目立たない女子も私語が多い。男女仲良くなってほしいのでゲームをしますが、手が触れるのがイヤで盛り上がりません。女子同士でも敬遠されてしまう子もいます。授業中もクラス全体が「バラけた感じ」でまとまりがありません。どうしたらよいでしょうか。

　まずは、起こっている事実を切り分けて整理し、アセスメントをします。

● **アセスメントの一例**（事実を切り分け、スモールステップを考えます）

　子どもたちと「学年集会の成立にチャレンジする」学び合うプロセスをデザインします。

1　35人×3クラス。落ち着きがなく整列がむずかしい
　(1)まずは学年集会をやめ、各クラス単位の活動成立をめざします
　(2)子どもたちと学年集会をすることの目的や意義を相談します
　(3)チャレンジングな行動計画を共有します

2　体育館でのボール遊びを注意することで冷やしている
　(1)会場のハードルを下げて、まずは教室からスタートします
　(2)体育館のボールは片づけておく。遊びを誘引しない環境が大事

3　目立たない女子も私語が多い
　(1)体育館では、マイクを使うのが基本です（情報の可聴化）
　(2)受け身ではなく、能動的な楽しい時間を増やします

4　男女で手をつながない
　(1)まずは女子同士、男子同士で、手をつなぐことからスタート
　(2)ハンカチで直接、手をつながないなどの工夫をします

5　女子同士でも敬遠される子がいる
　(1)密接な関係がなくても、成立するアクティビティからスタート

6　クラス全体がバラけた感じ
　(1)どんなクラスになりたいか。子どもたちと相談します
　(2)ざっくりしたドキドキ、ワクワクの目標を子どもたちと決めます
　(3)まずは、ペアやグループでの小さな成功体験を積み重ね、少しずつ
　　グループサイズを拡大します。

● **不要な失敗体験を積み重ねない**

　学年を一つのチームとして見立てるなら、現在の状況は、学年集会を実施する段階に到達していません。学年集会の成立にこだわることが、子どもたちの失敗体験の機会を増やし、怒ってしまうという悪循環です。

3…ファシリテーションの技を磨く

やればやるほど、チームの関係性は冷え込みます。今の子どもたちの状態は、これまでの体験的な学びの成果であることを受け止めます。

　学年集会の枠組みに固執するのをやめ、チームの状態にあったスモールステップで、小さな成功体験を積み重ねていきます。不要な失敗体験の積み重ねは、誰にとっても不幸です。

● 子どもたちとドキドキ、ワクワクなチャレンジを一緒につくる

　まずはクラス単位で、子どもたちと相談します。私たちは学年集会を成功させたいこと。その成功が社会科見学の成功への切符であることを心を込めて説明し、子どもたちと共有します。質問の技術で、今の状態をどう思うか、そして私たちはどうしたらよいのかを、少し具体的に聴けば、次の課題が見えてきます。

　ゴールが共有できたら、あとは具体的な活動を積み上げます。学年集会の成功に向けて、どんなドキドキ、ワクワクなチャレンジができるのかを、まずはクラスで話し合い、取り組みます。活動はなんでもOK。

　例えば、クラス全員が仲良くなるために各グループで「給食を楽しく食べるプロジェクト」などもできます。小さな学び合うプロセスを積み上げ、グループサイズを移行します。

● 子どもたちの関係性をスモールステップで育む

　例えば、子どもたちが気軽に遊べる「じゃんけんゲーム」のときも、ファシリテーターは、チームのつながりを高め、学び合う関係性を育むプロセスをデザインします。シンプルなゲームの積み重ねと振り返りで、子どもたちのチームワークを育み、学年集会や社会科見学成功へのプロセスをつくります。

■学年集会のゴール

1　社会科見学に向け、学年でルールを守り行動する
2　クラスを超えた交流の機会をつくる
3　以上を通じて、学年としての絆やつながりを育む

➡　相談後

■学年集会のゴール

1　まずは、みんなが中心、みんなが楽しいクラスをつくる
2　クラスごとに社会科見学に向けた、ワクワク、ドキドキのチャレンジをつみ重ねる
3　これらをふまえて、社会科見学に向けて、ルールを守りクラスを超えた交流の機会をつくるために学年集会の成功をめざす

　　クラスがギクシャクしてるなと感じるとき。
　「じゃんけん」などを活用したゲームで、子どもたちに楽しい関係性を育んだりすることって、とても大事です。ファシリテーターは、常に子どもたちの様子をアセスメントしながら、今、このゲームにどんな学び合うプロセスを盛りこむとよいかな？　と次の一歩を考えながら場に立ちます。

ACT❸ 「セブン・イレブンじゃんけん」

所要時間…最初は約15分。慣れてくると約5分。

> **ファシリテーターのインストラクション例**

1　みんな「セブン・イレブン」ってコンビニを知っているかな？　はい。そうだね。昔は7時〜11時に営業していたから、名前がついたんだよね。今から「セブン・イレブンじゃんけん」をします！　拍手〜！

2　では、お手伝いしてくれる人を指名します。では、一番前にいる○○さん、お願いします

　※必ず、モデルを示して見通しを共有します

　※挙手でモデルの立候補を募ることもありますが、選ばれなかった子どもが「チェッ」と声や態度に出して場の雰囲気を冷ましてしまうときは、先生があてます。クラスが信頼ベースになると、不平や不満が態度に出ることが少なくなるので、立候補もアリになります

　※あてるときは、みんなが納得できる公平で正当な理由が必要です
　　例：目の前にいる。レクリエーション委員であるなど

3　このじゃんけんは、0、1、2、3、4、5の数字が出せます（指で示しながら）

4　普通のじゃんけんは、勝つか負けるかだけど、このじゃんけんは2人合わせて7になったら大成功！　7になるまで出し続けます。2人でやるので見ていてね

5　せーの、じゃんけんポン（モデリング）。
　　ポン、ポン、ポン。やった〜！　7になった！

6　見事7になったら、喜び方があるんだよね。見ていてね。こんなふうにします

70

①いち〜 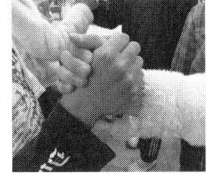　　②にい〜 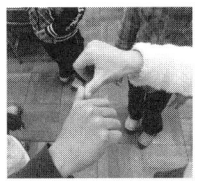　　③さん〜 　　④バイバ〜イ

「1、2、3バイバ〜イ！」

7　じゃあ、近くの子と喜び方を練習してみよう。ペアになってね。なれた？　じゃいくよ。1、2、3バイバ〜イ！　（むずかしければ、最後のバイバ〜イだけでOK）

8　じゃあ、今から3分間で何人の子とできるかチャレンジします。何人くらいとできそうかな。ちょっと頭のなかで思い浮かべて自分のチャレンジを決めよう！　じゃあ、手を挙げてね。3人？　5人？　7人？　10人以上？　すごいねえ。できるだけ、たくさんの友達と7を成功させようね。でも、慌ててけがしないようにね。では、よ〜いスタート！

9　終了〜！　では、何人と成立したかな？　1人の人？　2人の人？　3〜5人？　6人〜10人？　ええっ、11人以上？　すごいよねえ。拍手〜！　では、「チャチャチャ　チャンピオン」をします！　せーのーで！（97ページ参照）

10　素晴らしい！　では、次はさらにバージョンアップして、イレブンに挑戦します。イレブンっていくつかな？　そうだよね。11です。片手では無理だよね。両手で0〜10まで出します。見事11になったら喜び合います

11　さらに。ホントに2人きりしかできない？　そうだよねえ。3人でも4人でもできるよね。10人で成功したクラスもあるよ。さっき、2人でやっていて、相手を探してウロウロしている子がいたよね。そういうときは、どうすればいい？　そうだよね。声をかけるとい

3…ファシリテーションの技を磨く

いよね。3人でも、4人でも、何人でもOKです

12　ルールは大丈夫かな。じゃあ、チョット待ってね。学年集会の成功に向けてつくったクラス目標があるよね。ちょっと見てみようか。次のイレブンは、クラス目標のなかにあるどれかを意識して取り組みたいと思います。どれがいい？　じゃあ、「みんなが中心、みんなが楽しいクラス」っていう目標に近づくことを意識して、チャレンジしようね。そのためには、具体的にどうしたらいいと思う？　3つ意見を募集します。どう？　OK？　じゃあ、今の3つを意識しながら、やっていこう。よ〜いスタート！

13　は〜い。終了です。じゃあ、座ってください。近くの人とペアになります。ペアになれなかったら、どうしたらいい？　そうだよね。セブン・イレブンじゃんけんのときと同じだよね。3人になろうね

14　じゃあ、やってみてどうだったか？　話を聴き合ってみます。何人くらいと成立したかな。楽しかったかな。クラス目標に近づけたかな？　1分間、ペアで聴き合ってみてください

15　はい。1分たちました。では最後に親指メーターで、今日のセブン・イレブンじゃんけんを振り返って表します。みんなが中心、みんなで楽しいクラスの達成度合いを親指で示してください。せーのーで！

16　OKです。上向きの人も、下向きの人もいるよね。次にみんなで取り組むときには、一歩、上をめざせるように、少しずつ積み重ねていこう！　このクラスも今日のじゃんけんみたいに、1人ぼっちの人がいたら、さっき、みんながしてみたいに、声をかけ合って、楽しいクラスにしていこう。

● 男女がうまく混ざって遊べないときは
1　男子同士、女子同士での成立を大事にします
　　「まずは、女子は女子だけ、男子は男子だけとやろう。最低5人とじゃんけんしてね」「すごいね」「楽しいね」と、無理やりに男女混合にせず、「今できることを」大事に温めます
2　1が成立したら、次の段階へと進みます
　　「違うグループの人と最低3人はやろう」「男子は女子と。女子は男子と最低2人はすることを次のチャレンジにしよう！」

● みんなとうまく、つながれない子がいるときは
　私たちも一緒にやります。輪に入りにくい子が、うまくつながり合えるように、声をかけて、きっかけをつくります。

● 教室でのペア活動に活かす
　隣の人が欠席でペアになれない。そんなときは、「どうしたらいいと思う？　セブン・イレブンじゃんけんのときって、どうしたかな？」「そうそう、3人でやればいいよね」と学びを活かします。

　ゲームが盛り上がったかどうかは問題ではありません。ファシリテーターは、「誰が声をかけていたか」「孤立しがちな子はどうしていたか」など、ゲームに見える「子どもたちの関係性」を観察し、チームの成熟度をアセスメントします。そして課題を引き出し、具体的な次の一手を提案します。このゲームが成立しなければ、もっとハードルの低いゲームから再スタートします。
　ゲームを通じて、意外な子同士が声をかけ合い、笑顔を共有する。子どもたちが、新たな関係性を育み、学び合う小さなきっかけをデザインし、一緒にチャレンジします。
　多様な関係性を温め育むプロセスを、積み重ねていきましょう。

技4　フォーメーション（隊形）

　クラスは一つのチームです。バスケットに適切な「フォーメーション」があるように、授業や学級活動も目的によって、フォーメーションを変えます。位置関係は人間関係。さまざまな隊形を使いこなして、チームとしての一体感を高めたり、1人ひとりの学びを深めるなど、効果的で多様なシーンを教室に育みましょう。適度な一体感とバラバラ感を大切にします。

●初級〜上級：前向き型＆ペア学習型

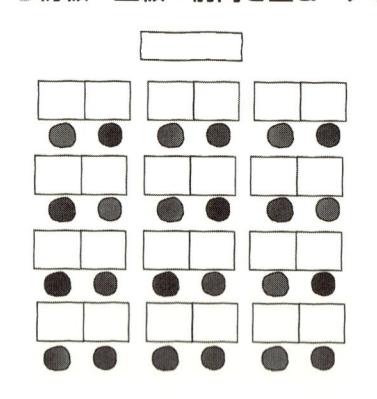

● **前向き型**

　コミュニケーションの基本は、好意的な関心の態度。私たちと子どもたちが信頼関係を築くには、まずは、体ごとしっかりと向け合うこの隊形からスタートです。説明をきっちり聴くときはこの形が基本です。

● **ペア学習型**

　隣の人とペアになり活動します。授業の途中で時間を設け、習った単元を隣同士で説明し合う。ミニテストのマル付けをお互いにする。じゃんけんで勝った子が学習のまとめ問題を出し、負けた子が答え、交代するなど。授業への参加度を高めるチャンスを生み出します。前後の席でペアになる、ペアの相手がドンドン変わるなどのアレンジも可能。最初にトランプなどを活用して、ペア活動の枠組みを丁寧に育みます。

● 初級〜上級：グループ型（基本は4人）

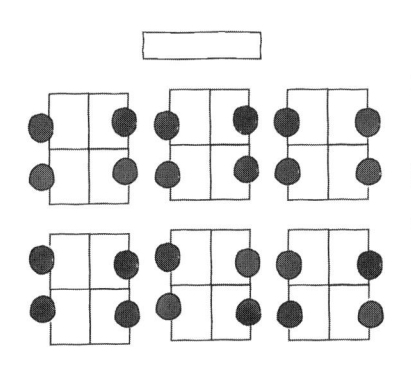

2つのペアが合体した4人グループ。クラスの人数により、変則的に3人や5人の場合もありますが、グループ活動の基本は4人です。例えば給食当番は、2グループ合体の8人編成を活用します。

グループは、教室におけるホームグラウンド。連絡帳の確認をし合ったり、学び合ったり、給食を一緒に食べる最小単位のチームです。心地よく過ごすための「調整力を育む場」として、効果的に活用します。例えば「いいチームになるために、グループのなかで席替えしてもいいよ。相談して決めてね」と提案すると、子どもたちは、いろんな配置を工夫して試します。適度な自由度が子どもたちの調整力を育みます。

■ スムーズなフォーメーション展開のコツ

机移動に時間がかかると残念。コツを共有しておきます。

1　机や集まる位置を可視化する
　水性マーカーやマスキングテープで、それぞれの隊形の目印になる位置を可視化しておくと、わかりやすいです。
2　目標を決めてタイムチャレンジ
　子どもたちと相談して、目標タイムを設定。声で秒数を可聴化しながら、ゲーム感覚でフォーメーションの展開を練習します。

●**初級〜上級：集合型**（前方や誰かの席に集まる）

話し手や聴き手同士の距離が近く、一体感を育みやすい。ペアで話をしたり、笑い合ったり。誰かにスポットライトをあてたいときなど、距離の近さを温かさとして感じられる隊形です。

絵本の読み聞かせはこの形がベスト。理科の実験方法の確認や、社会でノートまとめのモデルを紹介するときなども「前に集まって〜！」と声をかけます。明らかに集中力を欠いているときにモードを変えるのにも有効。いじめの種になるような「すごく大事なこと」を話すときも「みんなにちゃんと、話しておきたいことがあるんだ」と、この形で語りかけます。

●**中級〜上級：サークル型**（少人数〜クラス全員）

行事の振り返りや改まってクラスで相談をするときや、じっくり話を聴き合いたいときなどに効果的です。お互いの顔がよく見え、話し手が中心になりやすい隊形です。途中で近くの人と２人や４人で話をし、またサークルに戻るなど、サイズアレンジがスムーズで、参加の公平性を共有しやすい。椅子なしだと、リラックスした感じをつくれます。最初にタイムチャレンジで、机を動かすゲームをしておくと展開もスムーズです。

● 中級〜上級：好きなところを選んで座る

会社活動や授業で、「ひとりでじっくりやりたい」「友達と学び合いたい」など、自分の学びのスタイルやペースを自己選択、自己決定する隊形です。自分で決めることで、行動へのモチベーションや責任感が育まれます。

最初は仲良しさんとくっつきたい子どもたちも、「友達関係を広げていこうね」と方向性を共有し、教室に「誰とでもかかわり合える安心感」が育まれてくると、活動や学びの関係性がドンドン広がっていきます。休み時間ではなく、授業にそのチャンスがあることが、とても尊いです。

■例えば、集合型がうまくいかないとき

近い距離が温かさになる集合型。ところが、子どもたちは近さゆえにチョッカイを出して揉めたり、騒がしかったり、仲良しの子から離れなかったり……ありますよね。こんなときはどうしたらいいでしょうか。

1　仲良しの子とひっつくのは、それが安心という学びの成果。だから、そのまま承認するところからスタートします
2　簡単なゲームで、相手を代えながら遊んで関係性をシャッフル
3　短時間＆１人でも多く、いろんなペアで話を聴き合う体験を積む
4　仲良しも大事だけど、「チームだから、いろんな子とやってみよう」と提案し、それをクラスのチャレンジにする！
5　なかなか、みんなの近くに寄れない子の気持ちも承認して、適度な一体感とバラバラ感を大事にする　　……という感じかなあ。

４月はできなかったことも、６月→10月→12月→３月と時間の経過とともにクリアできるようになります。焦らずにやりましょう。

3…ファシリテーションの技を磨く　77

技5 グラフィック&ソニフィケーション（可視化&可聴化）

　教室に一歩、足を踏み入れたとたん、「温かいなあ」と感じる幸せなクラスがあります。壁にクラスの歴史が掲示されている、学びのプロセスや成果が見える。子どもや先生の言葉が可視化された教室です。何を引き出して可視化すればクラスは温まり、幸せになるのかを考えながら、教室掲示をデザインします。

●7つのコツ

1　掲示スペースは大事に使います
2　美しさよりも、新鮮さを大事にして更新します
3　手間をかけない。基本は水性マーカーで5〜10分で作成
4　クラス目標やルールを掲示して、いつも意識します
5　学びや学級活動のプロセスを掲示します
6　子どもコーナー、先生コーナーをつくります
7　初めて来た人も、クラスの様子や歴史がわかります

●コーナーの例

1　先生：学校予定や先生からの情報発信
2　クラス目標：3月にどんなクラスになっていたいか（ゴール）
3　ルール：朝の会などの進め方や安心、安全のための約束
4　学び：教科の進捗状況や学びの成果、問題の解き方など
5　読書：学級文庫の周辺に読書の技や作文の書き方の説明など
6　子ども：子どもたちが書いたお知らせ、成果物の掲示
7　当番活動：掃除や給食の当番活動の進め方など

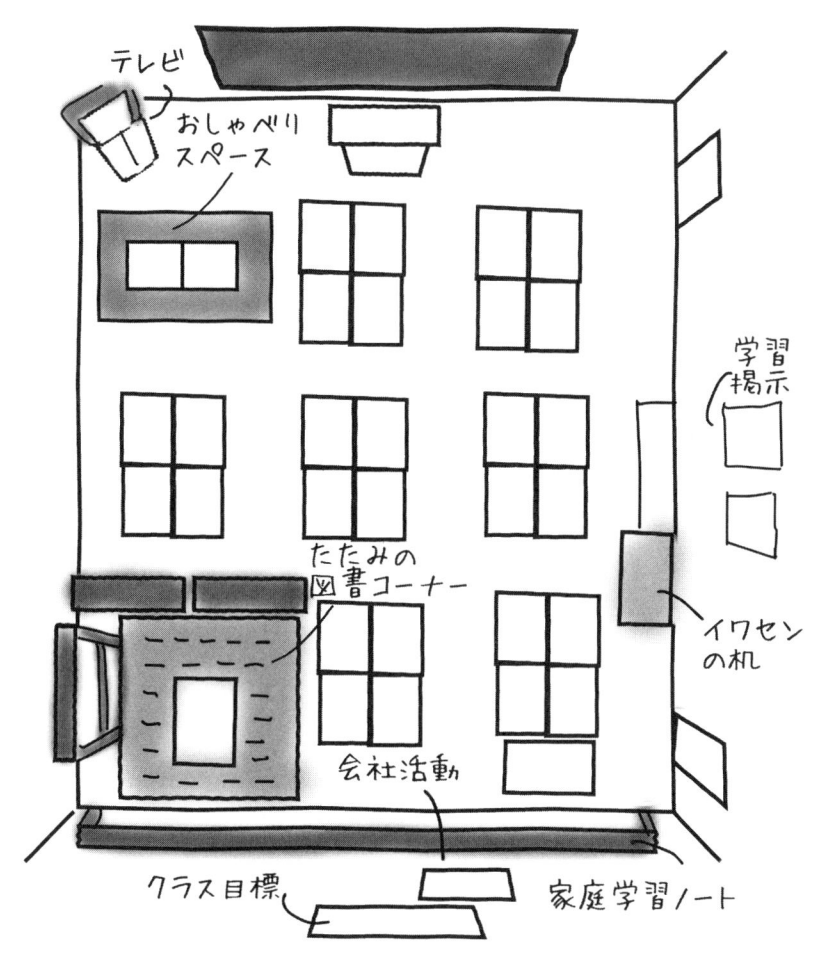

[図：教室のレイアウト]
- テレビ
- おしゃべりスペース
- 学習掲示
- たたみの図書コーナー
- イワセンの机
- 会社活動
- クラス目標
- 家庭学習ノート

　授業の振り返りも模造紙に書いて掲示します。最初は真っ白な模造紙が、日ごとに文字で埋まっていく。学び合うプロセスや成果がいつも見えていると、授業の途中にみんなで確認しながら行動できる貴重な情報源になります。

　「はい、ここを見て！」とすぐに全員がアクセスできる場所にあることが大事です。子どもたちからの情報発信もドンドン増えます。

　「私たちが教室をつくる」オーナーシップと温かさが育まれます。

3…ファシリテーションの技を磨く　79

例えば、教室で起こったステキなことも。わざわざ学級通信などに可視化して共有することって大事です。教室で、人知れず起こっているステキなことも、「今、○○してくれてありがとう」「とってもうれしい」と可聴化して伝えます。

私たちは情報を共有するだけで、温まることがたくさんあります。何を引き出して共有すれば、場や学び合う関係性が温まるのか。ファシリテーターは、いつもその視点をもちながら、チームに寄り添っています。

逆を言えば、「今、何が起こっているのかわからない」「何をしているのかわからない」ことは、チームの関係性や1人ひとりの心の体力を冷やしていきます。わかりやすい可視化＆可聴化をしていきましょう。

● 見通しを共有する一番の方法は「モデリング」

どんなチャレンジも、まずはモデルを示します。モデルがあると具体的な見通しを共有できるので、最初の「参加のハードル」がグッと下がり、安心してチャレンジすることができます。

例えばクイズのときは、問題例を示します。少し答えを考える体験をみんなで共有したあと、わざと答えは出さずに、「では、第1問目です」として、例と同じ問題を出せば、「問題を考えるモデル」が自分の体験のなかにあるので、とてもわかりやすいです。どんなモデルを示すのかもアセスメント次第。工夫しましょう。

公開！　イワセンの教室掲示！……4年生の巻

❶クラス目標

　全員でつくりました。4月当初の子どもたちの精いっぱいが表れています。半年後に見たら、もう全然違う。今の子どもたちなら、もっとスゴイのをつくれる。この目標を大事に育ててきた「成長の歴史」を感じます。

❷自主学習タワー

　狭山市立広瀬小学校の森泉周治郎さんのアイデア。自主学習ノートが終わったら全員が積み上げます。みんなの成果を可視化して、たたえ合います。ほかのノートでもOK。置くときの子どもたちの顔は誇らしげです。こんなに高く積み上げるまで、みんなでがんばったんだよね。

❸会社活動ポスター

　子どもたちが「やりたいこと」で集まる会社活動の詳細をポスターにして掲示。楽しいです！

❹サイコーの授業のつくり方

　7月6日の算数の授業が、とても良かったので、具体的に良かったことを子どもたちと振り返り、ボクが模造紙に書いて貼りました。「こういう授業をこれからもしていこうね」。ずっと続いてます。

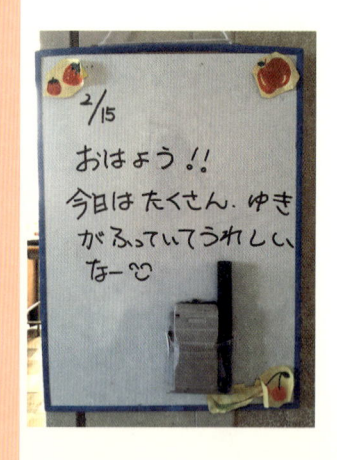

❺教室のドアの横

　朝、教室に来たときに見るメッセージを書きます。ボクが書いていましたが、最近は、子どもたちも書いてくれます。

❻机の右上のクラス目標

　クラス目標をつくった頃、いつも意識して忘れないために、小さく書いた紙を作って、1人ひとりの机に貼り、意識化しました。

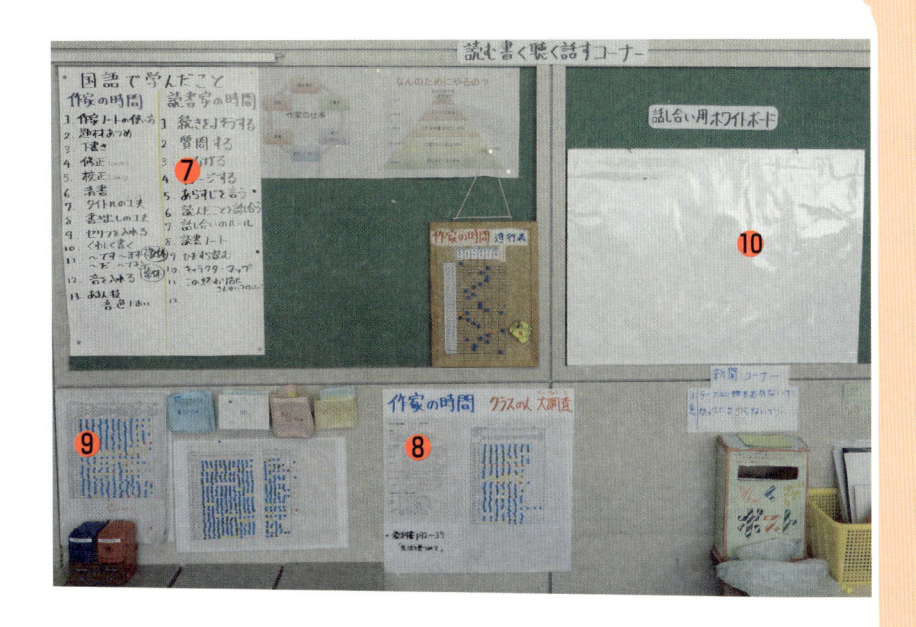

❼国語で学んだことのリスト

　授業で学んだことのタイトルを書き加えていきます。学んだコンテンツのリストがあると、「ここで勉強したよね」と思い出すのに便利です。授業中にみんなでアクセスできる貴重なリソースです。

❽国語の授業

　左側は学習の目標（例えば友達と読み合って、いい作品になるように修正し合う）と単元の評価基準（3段階）、7時間のおよその流れ。右側は全員の学びの進捗状況をシールで可視化します。

❾算数の授業

　1単元で学ぶ課題を表にして、理解の進捗具合を自分でシールを貼って可視化。青「友達に説明できる」、黄「まあまあわかった」、赤「ヘルプ！」（福島県郡山市立赤木小学校・坂内智之さんの実践を参考）。

公開！　イワセンの教室掲示！……4年生の巻　83

❿話し合い用ホワイトボード

　クラスで何かを企画するとき、揉めたとき、子どもたちはここに集まって「ホワイトボード・ミーティング」で話し合います。オープン・クエスチョンの使い方や解決方法の見つけ方も、ずいぶんと上手になりました。日常的には4人で1枚のホワイトボードを使っています。

⓫話し合いの歴史

　企画や揉め事解決などホワイトボード・ミーティングの議論を写真で可視化。みんなで決めたことが残るので便利です。

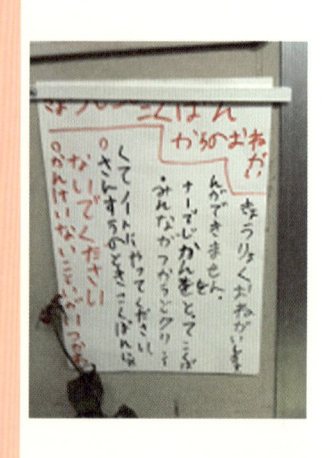

⓬黒板消し担当者からの訴え

　「ピカピカでないと傷つく」熱心な担当者からの情報発信。みんなの使い方が悪く15分の掃除時間ではキレイにならないから「関係ないことは書かないでください」と切々と訴えます。

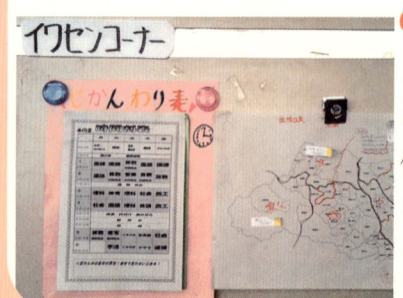

⓭先生コーナー

　右は社会科の調べ学習で、子どもたちのモデルとしてボクがすすめている作業プリントです。時間割や学年だよりを貼っています。

■ 聞こえにくい子がいるときの「可視化」

　よく使う言葉を、大きな文字や色別カードに書き、黒板に貼って可視化します。「読書タイムです」「ペアで聴き合います」「制限時間は○分」など。

　聞こえにくい子は、周囲や友達の様子を見て動く「二次情報」へのアクセスが多く、自信をもって行動することを阻害されます。

　しっかり「一次情報」にアクセスして、自分で判断して行動する機会を積み重ねるためには、可視化による情報共有を大切にします。

■ 見えにくい子がいるときの「可聴化＆可触化」

　声や音楽、ベルなどの鳴り物で可聴化して情報共有を工夫します。

　子どもたちの発言は、「Ａさんありがとう」とファシリテーターが音声でカバーすることで、発言者が誰であるかを情報共有します。特にクラスがスタートした頃は、とても大事な可聴化です。

　「今から、30秒でします。では、数えます。30、29、28…」と可聴化して時間の見通しを共有したり、「ベルが鳴ったら準備完成まであと3分くらい」と決めておくと、自分で段取りをつけながら動けます。「触るじゃんけん」「触る掲示物」など、触る機会を増やす工夫でより具体的な情報共有を進めます。そして「触ってはいけない」情報共有を進めることも、その後の人生を大きく支えてくれる体験になります。

■ 見えにくく、聞こえにくい子がいるとき

　基本は、触手話や指点字などのコミュニケーション方法を用いて、授業や教室で起こっていることを情報共有します。特にシンプルなサインで情報共有量を増やす工夫をします。例えば「手の甲を指で3回軽くたたいたら、音楽室に移動する」などをサイン化しておくと、「介助者に導かれていく」のではなく、「自分で音楽室に移動する」ことを見通し、自己判断をして動きます。一次情報にアクセスする機会を増やし、自己選択、自己決定の機会を積み重ねます。

4 最初の1週間を丁寧につくろう

> 何事も最初が肝心。4月の最初の1週間を丁寧につくります。
> もちろん、学期途中からでもOKです。

① シンプルに「幸せになりたい」気持ちがモチベーション

　私たちは幸せになるために生きています。「幸せになりたい」と願うから仕事もがんばろうと思うし、ご飯もちゃんと食べるし、学びへの意欲もわきます。「どうでもいい」のであれば、ダラダラ仕事をし、お菓子ばかりを食べ、学ぶ必要もない。私たちがシンプルに「幸せになりたい」と願う気持ちは、学びのモチベーションを温める、とても大切な感情です。

　めざす幸せまでの距離が遠く、歩いても歩いても、なかなかゴールに到達しないと、私たちはやがて「幸せになれない自分」を体験的に学びます。失敗体験の繰り返しで「心の体力」は冷え、自分が本来もつ力を発揮しにくくなります。こうなると、自分の価値を低く見積もり、自尊感情や自己肯定感が低下します。

　ところが、同じようにゴールまでの距離が遠くても、少し先に、小さな幸せがあると、そこをめざして歩くことができます。同じように歩みは遅くても、到達するたびに「よし、いけた」と小さな成功体験を積み

やすい。同じ行動でも、私たちの感じ方や学びはまったく違います。

ファシリテーターは、ゴールに向けたスモールステップを上手に刻みます。特に最初は小さな成功体験を丁寧に積み上げ、「私たちって力があるよね」と実感する場面をたくさん生み出し、振り返りから学びます。

共にゴールをめざすから、クラスは多様な個性や参加のスタイルを受容する一つのチームになります。やがてチームのベースが信頼に成長すると、子どもたちの学び合う関係性や当事者性が飛躍的に豊かになります。そこをめざして、小さなステップを積み重ねていきましょう。

２ 丁寧にプロセスをつくる

４月。新しい学年になり、子どもたちは新鮮な「ドキドキ」や「ワクワク」の期待感にあふれています。このチャンスを逃さずに、最初の１週間を丁寧につくることが、その後の授業や学級活動に大きくかかわります。最初の１週間を大事にしましょう。

しかし、私たちが「クラスをステキなチームにしたい」と意気込んでも、４月当初のクラスは、ただの「便宜上分けられた集団」です。子どもたちの関心は「このクラスは安全か」「仲の良い友達はいるか」くらいで、前年度までの関係性が冷え込んでいると、対立もそのまま持ち越されます。クラスが始まったときは、子どもたちの気持ちは「バラバラである」ことを知っておくことが大事です。

３ 温かい学びを積み重ねる

クラスが一つのチームになるためには、クラス目標（ゴール）が必要です。でも体験的な学びがないと、ゴールって何なのか。クラスがチームってどんな感じか。信頼ベースってどんな状態なのか。子どもたちとイメージを共有できません。

だから最初の1週間は、まずは準備期間です。1週間後に全員でクラス目標をつくることをめざし、まずは先生が「最初の1週間の仮のクラス目標」を提案します。例えばキーワードは「チームワーク」「楽しい」「笑顔」「みんなが中心」「チャレンジ」「一生懸命」「安全」「公平」など。クラス目標をつくるときに、子どもたちが温かいイメージをもてるような仮の目標を提案します。

　これを黒板に書いておきます。最初の1週間で、「みんなが笑顔のクラスっていいよね」「楽しいクラスっていいよね」という具体的な体験や仮のクラス目標を意識して、振り返りを重ねることで、子どもたちと「クラス目標」のイメージを少し共有します。このプロセスを丁寧につくってから、本番のクラス目標づくりに進みます。

● クラス目標づくりに向けて──最初の1週間で大事にすること

　新しく始まる1年に「いい先入観」をもてる1週間にしよう！
1　暴力やいじめを許さない、安全、安心な教室を実感します
2　たくさんの温かいコミュニケーションを積み重ねます
3　協力やチームワークの大切さと素晴らしさを実感します
4　小さな目標を達成して、ゴールをめざす気持ちを体験します
5　1人ひとりが大切な存在であることを実感します
6　自分の行動がクラスを良くすることを実感します

インストラクション例…クラス目標をつくろう！

　ボクたちは、このクラスが終わる3月にどんなクラスになっていたい？
　ステキなクラスになりたいよね。でもクラスには、気の合わない子もいるかもしれないし、全員と親友にはなれないかもしれない。
　でも、サッカーをするときはどう？　「キライだから」とパスをしなかったら、試合に勝つことはできないよね。大きな目標に向かっていくときには力を合わせることが必要で、サッカーと同じように、クラスも

一つのチームです。ボクたち1人ひとりが、チームにかかわっています。

　ボクたちの行動でチームは変わるんだよね。いろんな参加の方法があるけども、クラスをより良いものにすること。そのチームのひとりであることを大事にしよう。一つのゴールに向かうから、トラブルを乗り越えることもできます。チームワークを大切にして、楽しくて、笑顔があふれて、みんなが中心で、チャレンジングで、協力できる。ボクは、そんなクラスがいいなあと思います。どうかな。

　今日から1週間後に、全員でクラス目標をつくります。まずは、それまでの1週間の「仮の目標」をボクから提案します。

「みんなが楽しく、みんなが笑顔」（黒板に書く）

　これが仮の目標です。このクラスはボクが中心ではなく、みんなが中心だから、まずは一緒に楽しい1週間にしていこう。

④ 見通しを立てて取り組む

　最初の1週間は、事務手続きや提出書類もたくさんあり、私たちにとっても多忙な時期。慌ただしく過ぎていきます。でも、「最初の1週間を丁寧につくるかどうかで、このクラスの1年が決まる」と言っても過言ではありません。

　91ページの表は、クラス目標づくりに向けた「最初の1週間の過ごし方」の例です。取り組みたいプログラムを順番に紹介しています。

　学校事情もあるので、全部に取り組むことは無理かもしれません。そのときは、いくつかを選んで始めます。92ページには同じ時期に発生する一般的な業務を紹介しています。これも学校事情によって違いますが、参考にしてください。忙しい時期だからこそ見通しを立てて、最初の1週間を丁寧につくっていきましょう。

⑤ やりやすいところから始める

　例えば、126ページの「教室リフォームプロジェクト」に、いきなり取り組むのはむずかしいかもしれません。そのときは、ロッカーのシールや掲示物を子どもたちが作ることからでもOKです。

　でも、でも。子どもたちのオーナーシップが、ガラッと変わりグッと高まるのは、やっぱり「教室リフォームプロジェクト」なんです。どうすれば実現できるかを職員室で相談します。これもまたチャレンジです。

　最初を丁寧につくると、子どもたちの学び合う関係性や学びの当事者性が高まります。結果的に、授業や学級活動もスムーズに進行します。子どもたちの成長に応じて、先生の「権限」を子どもたちに委譲し、子どもたちがさらに自立的に動くので、先生の仕事も「減り」ます。

　あとからクラスが荒れて授業の進度が遅れる、トラブル対応に追われることを考えたら、最初にしっかりと時間をかけることが効果的です。

　とはいえ、「やろう」と思う自分のタイミングを大事にしましょう。これも自己選択、自己決定です。

最初が肝心「最初の1週間の過ごし方」の例

	月曜日	火曜日	水曜日	木曜日	金曜日
朝		黒板メッセージ＆教室で子どもたちと雑談	黒板メッセージ＆教室で子どもたちと雑談		
1時間目	・始業式	★読み聞かせ ★ホワイトボードでペアトーク	★読み聞かせ ★静かをつくる	★読み聞かせ ★子どもホワイトボード・ミーティング	★読み聞かせ ★子どもホワイトボード・ミーティング
2時間目	★担任からのメッセージ。仮の目標の発表 ★先生自己紹介クイズ	★教室リフォームプロジェクト ↓	★4つのコーナー（グループで発表）	★会社活動決め 会社ポスター作成	★会社活動スタート！
3時間目	★読み聞かせ ★振り返りジャーナル導入 テーマ「こんな先生になってほしい」	↓ ★振り返りジャーナル テーマ「こんなクラスにしたい！」	★掃除プロ制導入 ★席替え	★4つのコーナー（総当たりインタビュー） ↓	★クラス目標づくり
4時間目	下校 学級通信持ち帰り「お子さんの紹介文」配布	下校 全員とハイタッチして下校	★トランプなどねらい「新しい席で楽しくあそぶ」	★給食当番、チョコッとボランティア決め	↓
5時間目			★プロジェクトアドベンチャー ねらい「協力して達成する喜びを感じる」	★算数スタート	★Sけんなど体を使った群れ遊び
6時間目			↓ 下校 ★振り返りジャーナル テーマ「今日よかったこと、うれしかったこと」 宿題予告　会社活動考えてくる	★国語スタート	★1週間の振り返り 「ペアトーク」 「振り返りジャーナルで1週間の振り返り」

(参考文献『グループのちからを生かす―プロジェクトアドベンチャー入門　成長を支えるグループづくり』（プロジェクトアドベンチャージャパン著、C.S.L学習評価研究所)

ある年の「最初の仕事」イワセンの例

● 4月5日
- ☐ 1 学年会
- ☐ 2 学年のビジョンづくり
- ☐ 3 ルールづくり
- ☐ 4 役割分担
- ☐ 5 教材選び　注文
- ☐ 6 最初の1週間のプランづくり
- ☐ 7 教科書全教科を一通り読む
- ☐ 8 出席簿作成
- ☐ 9 校務分掌仕事引き継ぎ
- ☐ 10 遠足下見
- ☐ 11 必要な文具等買い出し

● 4月6日
- ☐ 1 学級名簿作成
- ☐ 2 学年便り作成
- ☐ 3 時間割作成
- ☐ 4 要録分け—要録印押す
- ☐ 5 名前印分ける
- ☐ 6 健康診断簿分ける—印押す
- ☐ 7 最初の1週間のプランづくり
- ☐ 8 給食、掃除のシステム決定、準備
- ☐ 9 前年度担任と引き継ぎ

● 4月7日（始業式）
- ☐ 1 学級通信づくり
- ☐ 2 教室準備
- ☐ 3 黒板にメッセージを書く
- ☐ 4 学級連絡網づくり
- ☐ 5 名前磁石作成
- ☐ 6 図書貸し出しカード作成
- ☐ 7 自分の年間研究テーマ決める
- ☐ 8 配布物確認
- ☐ 9 下駄箱確認

● 4月8日
- ☐ 1 教科書取りに行く
- ☐ 2 教科書配布
- ☐ 3 教科書配布表提出
- ☐ 4 荷物運び
- ☐ 5 プリント類配布

● 4月11日
- ☐ 1 子ども全員の顔写真撮る
- ☐ 2 集合写真撮る
- ☐ 3 子どもの名前と顔一致
- ☐ 4 給食当番の決定
- ☐ 5 プリント類回収
- ☐ 6 保護者会準備
- ☐ 7 連絡網作成

学校事情によって違います。あくまでも例です。このようなチェック表を作っておいて、毎年改善していくと便利です。

> では、最初の１週間のアクティビティを紹介します。インストラクション例は、声に出して読んでみよう！

ACT④ 先生からのメッセージ

　初めての自己紹介。子どもたちはドキドキしながら、私たちに注目しています。この「年に１回のチャンス」を思いっきり大事にします。子どもたちに、温かいメッセージを発信しましょう。

●目的

1　このクラスの担任になれてうれしいことを伝えます
2　一緒にステキなクラスをつくっていきたいことを伝えます
3　このクラスは先生とみんなで一緒につくる！　ことを伝えます
4　１年間で最高のクラスにしよう！　という気持ちを共有します

ポイント1　笑顔でやわらかく、丁寧に伝えます

インストラクション例

　担任の○○です。みんなの担任になれて本当にうれしいです。
　ボクを含めた全員が「この１年サイコーだった！」と言えるクラスにしよう。クラス全員が笑顔でいられるクラスにしよう。全員が居心地のいいクラスにしようね。ボクたちの、心と体の安全を守ろう。
　３月には、「このクラス、サイコーだよなあ！　全員が笑顔で過ごせているなあ！　世界一のクラスだなあ」って言えるといいね。
　そんなクラスは、ボクがつくるんじゃないんだ。みんなとボクとで力を合わせてつくるんだよ。ボクたちは絶対できる。がんばろうね！

ACT❺ 先生の自己紹介クイズ

　担任はどんな先生？　子どもたちが興味津々のこの時期に、しっかりと関係をつくりたいですよね。自己紹介もチャンスの一つ。クイズにして対話の機会にします。答えをグループで考えれば、子どもたちが話題にすることで、私たちとの距離もグッと近づきます。今日の宿題は「家の人にこのクイズを出すこと」にすれば、私たちと家庭の距離も近づきます。自己紹介にもチャンスがあふれています。

● 目的

1　楽しみながら担任のことを知ってもらいます
2　クイズの正解発表で、少し詳しく自己紹介するきっかけにします
3　答えを考えるプロセスで意見を聴き合い、合意形成する練習をします
4　成功したら賞賛！　失敗したら励まし！　のルールを共有します
5　担任を話題にすることで、子どもや家庭に身近に感じてもらいます

ポイント① 簡単な合意形成を体験します

　1人→ペア→グループで考える「合意形成のプロセス」を体験します。シンプルなクイズなので、しっかり考える必要はナシ。なんとなく、合意形成のプロセスを体験する！　くらいが目標です。

ポイント② 小さな成功体験を大事にするアセスメント

　前年度に学級崩壊を経験しているなど、子どもたちの関係性が冷え込んでいて、グループでのなんとなくの合意形成すら成立がむずかしい場合はペアまでにします。例えば、グループやペアの活動は、最初の時期は7割以上で成立していたらOKです。できていない3割に対しては特に「ちゃんとしろ」とも言わず、様子を観察して次のステップを工夫します。7割成立がむずかしいときは、1人で考えるだけでもOKです。

> **インストラクション例**

　では、ボクの自己紹介クイズをします。拍手～！　全部で５問出題します。最初はひとりで考えて、次に隣の人とペアで考えて、最後にグループで考えます。グループで答えを一つにしてください。そこまでの考える時間は１問につき30秒です。では、まずは練習問題です。ジャ、ジャン！

□問題１　岩瀬先生の生まれたところはどこでしょうか？
　１埼玉／２北海道／３沖縄（おきなわ）／４金星
　まずはひとりで考えてください。しゃべっちゃあダメだよ。じゃあ、隣の人とペアで。答えが聴こえるからヒソヒソ話してね。はい、グループで意見をまとめてください……という感じです。グループで意見がまとまったらアンケートをとるので、全員が手を挙げて答えてください。いいですか？　大丈夫？　じゃあ、いきます。ジャ、ジャン！

□問題１　岩瀬先生の生まれたところはどこでしょうか？
　１埼玉／２北海道／３沖縄（おきなわ）／４金星
　さっきの練習問題と同じです。時間は30秒。スタート！
　30秒たちました。では、手を挙げて答えてください。
　１番、埼玉だと思う人？（以下、同様）
　う～ん。なぜか金星が一番、多いぞ！
　では、正解を言います。正解は…ダン、ダン、ダッ、ダッ、ダダダ…。
　２番の北海道です！　正解の人、おめでとうございま～す。
　そうなんだよね。ボクは小６まで北海道の札幌に住んでいました。
　北海道って、とっても寒い。冬は雪が１メートルくらい積もるんだよね。
　では、次は、第２問です！（以下、同様）

4…最初の１週間を丁寧につくろう　95

□問題2　岩瀬先生の好きな食べ物は？
　1茶碗むし／2おすし／3カレーライス／4マヨネーズ　　正解：2
□問題3　岩瀬先生のとくいなスポーツは？
　1野球／2マット／3水泳（すいえい）／4サッカー　　　正解：1
□問題4　岩瀬先生の小学生のころの夢（ゆめ）は？
　1学校の先生／2プロレスラー／3サッカー選手／4ウルトラマン
　　　　　　　　　　　　　　　　　　　　　　　　　　正解：2
□問題5　岩瀬先生が得意な授業は？
　1国語／2理科／3体育／4給食

正解は全部です。どんな教科もみんなが楽しいなあ、もっと勉強したいなあと思う授業にしたいと思います。
　では、何問、正解したでしょうか？
　5問正解したグループの人、手を挙げてください。スゴイねえ。
　4問正解したグループの人、手を挙げてください。惜しかったねえ。
　3問正解の人、いない？　2問正解の人？　残念だったねえ。
　1問正解の人、いないね。

　では、5問全問正解をした人、起立してください。ほかの人は、立っている人のほうを体ごと向けて見ます。そして、こんなふうにします。いい？　見ててね？
　手を3回たたいて指をさします。「チャチャチャ、チャンピオン」。じゃ、5問正解の人のほうに向かって、声をそろえてやりましょう。いくよ。せ～の～で「チャチャチャ、チャンピオン」。はい、よかったねえ。
　では次は、残念！　2問正解だったグループの人、立ってください。
　さて、失敗してしまったときは、どんな言葉をかけたらいいかな。そうだよね。「大丈夫」とか、「気にすんな」とか、いろんな言葉があるね。このクラスではこんなふうにします。見ていてね。
　「チャチャチャ、ドンマイ」

さっきと同じ3回手をたたいて、指をさします。

では、2問正解だった人のほうに体ごと向いてやりましょう。

せ〜の〜で「チャチャチャ、ドンマイ」

はい。ありがとう。ボクたちの教室は、いろんな失敗をしながら学んでいくところです。失敗、間違いは全然OK。でも、失敗をしたときは、心の体力が冷えちゃうから、そんなときは今みたいに、「ドンマイ！」って声をかけ合えるチームになろうね。

今日の宿題は、今のクイズをおうちの人に出すことです。おうちの人に岩瀬先生って、こんな先生だよ！って、伝えてください。よろしくお願いします。

ポイント3　波長合わせを大事にする

自分のキャラクターを大事にしつつ、子どもたちの「周波数」に波長を合わせます。どんなに素晴らしい言葉も、周波数が違うとキャッチできません。波長合わせは大事です。でも、迎合する必要はありません。メリハリをきかせましょう。

質問コーナー

> 子どもたちの「心の体力」や関係性を温めることが大事なのはわかりますが、友達を傷つける行動をしたときは、どうしたらいいですか。

　ボクは4月の早い段階で「教室は、安心、安全の場所だから、人の心や体を傷つける行動は怒るよ」と話します。基準が明確なので、子どもたちも納得している。特に教室でイヤな思いを積み重ねてきた子にとっては、先生がちゃんと怒ってくれるという基準は安心になります。トテモ大事です。だから、まず基準を示し、そのような場面があったときは、「まず、止める！」が最初にすることです。

　そのうえで。友達の心や体を傷つけたときの対応は、傷つけた子にとって一番、学びになる方法を選びます。

　例えば、ものすごく興奮状態で、感情的なときは、「ガツン」と言ってもまったく心に届きません。まずは本人が落ち着いてクールダウンすることが先決。信頼関係ができてくると「ガツン」のひと言すら温かく、これだけで大丈夫になります。信頼関係ができるまでは、余計に興奮する悪循環になるので、まずはクールダウンの方法を選びます。

　子どもが落ちついたら、強く言う必要はもうなくて。その後の子どもたちとのやりとりは、こんな感じです。

　「今、怒られた理由わかる？」　「カサ、ふりまわしたから」
　「それ続けたらどうなると思う？」　「誰かにけがさせてしまう」
　「だよね。どうしたらいい？」……。そのあとは、子どもにオープン・クエスチョンで聴きながら、行動を振り返って一緒にどうしていくかを考えていきます。心を込めて、心配していることも伝えます。

　子どもが、自分で行動を振り返り、選ぶことが大事。「先生に怒られたからやめる」では、子どもの力になりません。

ACT❻ 対話型絵本の読み聞かせ

　絵本の力を借りて、子どもたちとたくさんのことを共有します。特に初日の絵本の読み聞かせはとても大事。絵本を通じて、これから、どんなクラスをつくりたいかを共有しましょう。

　その後は、毎朝の読み聞かせを続けます。時間は5分でも大丈夫。前に集まって、床に座り、共に物語を楽しむうちに一体感が育まれます。

　子どもたちと距離が近いから、大きな声を張り上げることもなく、やわらかいコミュニケーションが育まれます。物語の展開について意見を聴き合う活動が、子どもたちの「笑顔の小声文化」を培います。とても高いコミュニケーションスキルです。ガチャガチャしたクラスも、やがて心が満たされ、落ち着いた声のトーンに変わります。

●目的
1　クラスで大切にしたいことを、絵本を通して共有します
2　心が満たされ、クラスに落ち着いた声のトーンを育みます
3　国語の授業への導入にします

●進め方
1　子どもたちは、前に集まり床に座ります
2　じゃんけんや手遊びで子どもたちの関係を和らげます
3　毎朝、続けます。1冊を2～3日に分けて読みます
4　話の途中で「この先はどうなると思う？　近くの人とペアで聴き合ってみて」と、展開や登場人物の気持ちを子どもたちが考えます
5　ときどき意見を発表し、振り返りポイントになる意見は板書します
6　みんなで絵本を楽しんでいる。そんな一体感が育まれるまで、毎日、続けます
7　国語の授業の導入として活用できる枠組みです

ポイント①　根気よく続けます

　クラスに一体感が育まれるまでは、毎日、続けます。特に学級崩壊などを経験し、子どもたちや私たちとの関係性が厳しいときは、根気よく続けていきます（目安は２カ月くらい）。

ポイント②　関係を和らげる小さなゲームを活用します

　前に集まって近くに座るだけで、「肩がぶつかった」「足を踏んだ」と、ひと悶着が起こるときもあります。そんなときは、座ったままで「手あそび」や「じゃんけんゲーム」をするなど、気を取り直す練習をします。いちいち怒らない。冷やす言葉はここぞのときのためにとっておきます。

ポイント③　たくさんの人とペアになる＆短時間がコツ

　最初のうちは、ペアの相手を代えながら短い時間のコミュニケーションをたくさん重ねます。意見を聴き合う枠組みに慣れてくると、やがて、長い時間をかけてじっくりと聴き合えるようになります。

ポイント④　国語の授業の導入に活用します

　「読む」「聴く」「話す」。まずは「聴く」にチャレンジ。その後、友達に物語の展開について自分の意見を「話す」。最後は「読む」につなげるなど、国語の授業と連動しながら進めます。

> 最初の1冊を子どもたちはよく覚えていて学年最後の文集に、振り返って書いている子がいます。大事だなあ。

● 『ありがとう、フォルカーせんせい』 対象：高学年

主人公のトリシャは、字がくねくねした形に見えます。友達に読めないことを笑われて、トリシャの苦しみは増すばかり。でも、新しい先生がやってきて、字が読めないトリシャに特別な練習を始めました。作者の自伝的なお話。

（パトリシア・ポラッコ作・絵／香咲弥須子訳／岩崎書店）

● **目的**
1 私は「こんな先生になりたい」と伝えます
2 「みんながお互いのフォルカー先生になれるといいな」というメッセージを共有します
3 ペアになって、物語の展開を一緒に考え、聴き合う関係を育むスタートを切ります

● **進め方**
1 全員が前に集まり、床に座ります
2 途中で質問をし、ペアで聴き合いながら展開を考えます
3 子どもたちの感想を黒板に可視化して共有します
4 最後に、この物語で共有したいコンセプトを伝えます

╭─ **インストラクション例** ─╮

ボクの大好きな本です。だからみんなに、ぜひ聴いてほしいので読みます（読み始める）。

質問例

1　P8　トリシャが「おばあちゃん、わたしって　みんなと　ちがう？」と聞くシーンで止めて「おばあちゃんは、なんて答えたと思う？」
　　近くの人と話す→数人が発表

2　P9　「むこうがわにいってしまった」ってどういうこと？
　　自由に答えてもらう

3　P11　「みんなは算数好き？」　自由に答えてもらう

4　P13　「引っ越した先でトリシャはうまくやれると思う？」
　　近くの人と話す→数人が発表

5　P27　スポンジを投げ出したトリシャに、フォルカー先生はどんな言葉をかけると思う？　自分ならどんな言葉をかけてほしい？

6　最後に。「ボクはこの1年、フォルカー先生みたいな先生になりたいと思っているんだ。このお話を聞いて、フォルカー先生のいいところってどんなところだと思った？」

近くの人と話す→発表→黒板に書き出す

ボクはこんな先生になりたいと思っています。というか、そんな先生になります。でもボクだけががんばってもステキなクラスにならないよね。1人ひとりが、みんなにとってのフォルカー先生になってほしいんだ。

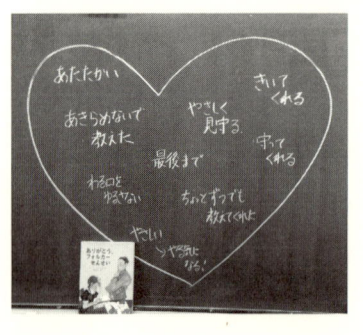

　この黒板に書かれたようなことを全員がお互いにできるようになれば、ステキなクラスになると思わない？　みんなが笑顔のクラスになれると思わない？　一緒にそんなクラスにしていこう。

（読み聞かせの参考文献『朝の連続小説』杉山亮編著、仮説社）

● 『最高のクラスのつくり方』対象：中学年〜高学年

● 目的
1 信頼ベースのクラスの様子を子どもたちと共有します
2 クラスが一つのチームになって、クラス目標をめざすための具体的な学級活動や友達関係のつくり方を共有します
3 絵本をもとに、自分たちのクラスが何をめざしていくのかを考える素材にします

イワセンが担任したクラスの子どもたちが書いた「学級経営本」が素材になった絵本。授業や掃除、トラブル解決などに、子どもたちがどう取り組んだのかが具体的に描かれています。

（埼玉県狭山市立堀兼小学校6年1組〈2008年度卒業生〉・岩瀬直樹著／小学館）

インストラクション例

1 子どもがつくったこんな本があります
2 タイトルは『最高のクラスのつくり方』。実際に6年生の子どもたちが、こんなふうにしたら「最高のクラスをつくれた！」ということを書いています
3 私がもし、子どもなら「こんなクラスだといいな」と思いました
4 今から読むから聴いてね。途中で「こんなところいいなあ」とか、「私たちなら、もっとこうしたい」など意見を聴かせてください

この本の時間割にそって、1日に「1時間ごと」読むのもOK。途中で子どもたちに意見を聴いて、「私たちは、どんなクラスをつくりたいか」を聴き合い、クラスが3月にどうなっていたいか、ゴールイメージを共有します。

●おススメの絵本をご紹介…本を選ぶポイントは

1　みんなで温かさや笑いを共有するもの
2　この先の展開が気になる本を選びます
3　読み聞かせがむずかしいクラスは、軽めで笑える本にします
4　高学年は、一読しただけではわからない手ごわい本を選びます
5　図書室や図書館で司書に相談をしよう。教えてもらえます！

『じごくのそうべえ』全学年
　古典落語が絵本になりました。どの学年でもおもしろくて笑えます。全部、関西弁なので、関西出身でない人は読むのに練習が必要かも。軽くて単純にオカシイ、ステキなお話。（たじまゆきひこ作／童心社）

『ウェズレーの国』中学年～高学年
　ウェズレーという、1人はみだしている少年が、夏休みの自由研究で、自分だけの国をつくることに！
（ポール・フライシュマン作　ケビン・ホークス絵／千葉茂樹訳／あすなろ書房）

『きみは　しっている』全学年
　謎とき絵本。「これは犯人捜しのかけ合いの謎解きだから、よーく聴いて、絵も注意深く見ていてね」と言って始めます。絶版だけど図書館にあります。
（五味太郎　作・絵／岩崎書店）

『おまえうまそうだな』全学年
　アンキロサウルスのあかちゃんが、ひとりぼっちで歩いていると、恐ろしいティラノサウルスがやってきて「おとうさん」と思い込む。でもいつまでたっても、おとうさんみたいな恐竜にはなれなくて。胸がキュンとなるお話です。（宮西達也 作・絵／ポプラ社）

『となりのせきのますだくん』低学年〜中学年
　学校へ行くのイヤだなあ、ずるやすみしたいなあと思う主人公の気持ちの語り。誰もがうんうんとうなずける。ますだくんの気持ちも考えてみる。温かいお話。
（武田美穂 作・絵／ポプラ社）

『ともだちや』全学年
　キツネが1時間100円で「ともだちや」を始めることに。友達って売れるのかな。友達って買えるのかな。友達って何？　をしみじみ考えてみるお話です。
（内田麟太郎作・降矢なな絵／偕成社）

『だめよ、デイビッド！』低学年
　やんちゃなデイビッドは、いつもママに怒られてばかり。次々と「やらかす」ことにママの怒りもヒートアップ。
（デイビッド・シャノン作／小川仁央訳／評論社）

4…最初の1週間を丁寧につくろう

ACT ⑦ 効果抜群！「振り返りジャーナル」

● 1人ひとりに「物語」あり

　教室では、毎日たくさんの「物語」が生まれます。友達に優しくしてもらった。揉めて大げんかした。超むずかしい問題が解けた。給食の鍋をこぼした等々。まさに「子どもたち1人ひとりに物語あり」です。でも、私たちがそのすべてをキャッチするってむずかしい。気持ちはあっても、毎日、クラスの全員と公平に対話することは現実的に不可能です。

　そんなとき、効果抜群なのが「振り返りジャーナル」。

　帰りの会の10分で、子どもたちがその日の出来事を振り返って書くこのツールは、ステキな効果がたくさんあるのです。

● 先生と子どもをつなぐチャンネル

　振り返りジャーナルは毎日、書くのが基本。週に1回では効果はありません。子どもたちが「今日あったこと」「感じたこと」を自分で振り返り、先生に伝えるチャンネルが日常的にあるってすごく大事です。慣れてくると子どもたちは「今日はコレ書こう」と備えるようになります。

　そんなとき、たまたま時間がなくて「今日は振り返りジャーナルなし！」と言うと、「エ〜ッ！」とうれしいブーイングを受けてしまうことも。

　私たちが気づかなかった出来事や友達の様子も伝えてくれるので、たくさん情報をもらって「ありがとう」と、子どもたちに温かいフィードバックもできます。

　言葉で上手に伝えられない子も「これなら書ける」こともあり、やり始めると振り返りジャーナルなしで学級経営するのが怖い……なんて感じになります。

● **振り返り回路で、課題解決力を育む**

　振り返りは、「自分のやったこと」「自分に起こったこと」を一度、脇に置いてみて「なぜ、そうなったのか」「どうすればよかったのか」を客観的に考えてみる作業です。

　うれしいこともイヤなことも、振り返ることで、改めてわかることがたくさんあります。

　例えば、友達と大げんかをして、手や足が出てしまったとき。私たちは子どもにけんかの理由を問い、暴力はダメだと話をします。でも、子どもよりも教師の話が長くなりがちで、子どもは言い訳しつつも最後には教師のストーリーにのっかり、自分自身のプロセスはあいまいなまま、「ごめんなさい」と謝ってしまうことがあります。

　起こった事実を確認し、友達との関係や自分の感情の変化、自分がもつコミュニケーションの特徴は子ども自身の力で振り返らないと、謝っても「モヤモヤした気持ち」をずっともち歩いたままで、同じ失敗をまた繰り返してしまいます。それってすごく残念。

　すぐには無理かもしれない。でも、振り返りを積み重ねていると、同じ場面に遭遇した何回目かのあるときに、立ち止まるようになります。頭のなかに振り返りの「回路」ができて、どうすればいいかを子ども自身が考え、自分の力で行動を変えていくようになります。振り返りが、成長を促してくれるのです。これって大人になっても使える「回路」で、ここで育まれるのが課題解決力。社会に出たとき、トッテモ役に立つ大切な力です。

　振り返りは学び。私たちは、振り返ってこそ、初めて学ぶことができるのです。

ポイント①　まずは信頼ベースのチャンネルづくり

　最初は子どもたちとの信頼構築が目標。そのためには、ポジティブベースの振り返りテーマを設定し、私たちからも温かいフィードバックをいっぱいします。先生や友達から、ポジティブシャワーを受ける体験をたくさんして、信頼ベースのチャンネルを育むことからスタートします。

ポイント②　書くのが苦手な子には

　書くのが苦手な子もいますよね。いつまでたっても2行が精いっぱいの子もいます。負担が大きいなら、まずは行動で振り返りを体験的に学びます。例えば、帰りの会で「今日一日どうだったか」をペアで聴き合ってから書くだけでも、参加のハードルは下がります。書く量は増えなくても、振り返りの量が積み重なると、回路が開通します。

　　　身体測定の振り返りインストラクション例（56ページの続き）

教室に帰ってきて全員がそろったら、振り返りをします。
1　どうだった？　やれた子もいるし、やれなかった子もいるよね。10点満点で何点くらいだったかな。ペアで聴き合ってみよう
2　良かったことは？　残念だったことは？　じゃあ、次の眼科検診のときはどうしたらいいかな？　付け足したいことは？
　※子どもたちの意見を模造紙に書く
3　OK。じゃあ、次の眼科検診のときは、この紙を見てから行こう。ぼくたちのチャレンジを積み重ねていこうね

ポイント3　ときにはグループで振り返りを共有

　ホワイトボード・ミーティングを活用して、グループで振り返りを共有してみましょう。振り返りは内省です。なかなか一人では深まらない子にとっては、ワイワイ対話するほうがハードルも低いかもしれません。聴いてくれる友達がいるからこそ、引き出され、深まる思考もあります。

　子どもたちの関係が成熟してくると、お互いにフィードバックし合うようになります。例えば、「今日のこの言い方がキツかったと思う」と友達に言えるようになります。

　友達とつながりをつくるのが苦手で失敗を繰り返しがちな子にとっては、まわりからどう見えているかを知ることも、振り返りの大切な材料になります。信頼関係がないときは、揉めるきっかけになる指摘も、信頼関係ができたあとは、子どもが互いに成長し合えるピアな関係を育みます。

ポイント4　先生への否定的な意見には

　先生に否定的な振り返りを書くとき。子どもたちは私たちが思っている以上に「思い切って」書いています。平気な顔に見えても、とっても不安。だから「書いてくれてありがとう」と、ちゃんと受け止めたことを伝えます。すぐに解決しなくていい。「一緒に考えていこう」と伝えれば、子どもたちも「書いてよかった」と思えます。

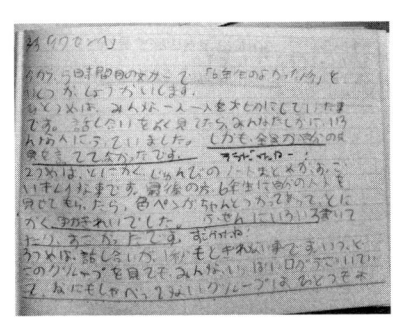

■ある先生のエピソード

　振り返りジャーナルに「先生と性格が合わない」と書かれて超ショック！　でも、ここで焦って解決しようとせず、ゆっくり付き合っていくうちに、「先生もいいかも」になってホッとしました。正直、私の気持ちはグラグラ、不安になっていたけど、先生も生徒も人間だから合う合わないがあって当たり前。クラスのパートナーだと思えば、そんなフィードバックも「建設的な意見」なんだと思えました。子どもって先生のことをよく観ていて、正直、痛いところを突かれたと思いました。もし、振り返りジャーナルがなかったら、この子は私にどんなふうに伝えただろうか。もっと不満が大きくなってから爆発したかもしれません。そう思うと、毎日の子どもの様子や思いが伝わるこのチャンネルがある価値は大きいと思いました。

ポイント⑤　職員室で話題にする

　子どもが書いた振り返りジャーナルを読んでいると、今日、クラスで起きたことの意味や私たちのかかわりがどのように影響したのかが、よくわかります。つまり先生の振り返りを促進してくれるのです。自分の伝え方や視点を確認し、改善できます。わからないことがあれば、職員室でほかの先生に見せて相談することもできるし、一緒に読みながら子どもの成長を共に喜ぶこともできます。そんな循環が生まれると、先生も子どもも温まります。

ポイント⑥　大切な成長の記録

　振り返りジャーナルは、子どもにとっては毎日の成長の記録です。学年の終わりに１年分を読み返してみると、クラスと自分の成長がリアルに浮かびあがります。自分自身の言葉で自分の成長や変わりようが残っ

ているってスゴイ。そして大切に積みかさねてきた日々は、大人になってから読み返しても、きっとエンパワーしてくれます。学年が終わったら、振り返りジャーナルは成長の主役である子どもたちに返します。「ありがとう」の言葉と共に。

●レシピ
●目的と効果
1　心の体力が温まる信頼ベースのコミュニケーションを促進します
2　子どもたちから、クラスや自分のコトを教えてもらいます
3　子どもたちの課題解決力を育むために、日々の生活や学習を振り返る力をつけます

●進め方
1　大学ノートを半分に切ります（大きいと子どもたちがくじけるので）
2　子どもたちが表紙に「振り返りジャーナル」と書きます
3　表紙には、シールやイラストもOKです（愛着をもつ）
4　帰りの会の10分で書きます（残って書いても良い）
5　担任が黒板にその日の「テーマ」を書きます
6　書き終わった子どもから順番に、担任に提出します
7　サッと目をとおし、その場でフィードバック（返事）を返します
8　子どもとハイタッチをして終了です

●「テーマ」の例…定番は「○○先生へ　今日の振り返り」
　今日1日で嬉しかったこと／今日見つけた友達のステキ／クラスの人に言いたいお礼／そうじがピカピカになる作戦／算数の授業で改善したいこと／クラス目標、どれくらい達成できている？／ステキな友達紹介／今日、起こった○○の事件について／今日のけんかについて思うこと／自分の家庭学習は何点？　その理由は？／○○さんへの手紙／授業に

ついて思うこと／自由テーマ　など。書きにくいテーマのときは、いくつかを書いて、子どもたちが選んで書くのもOKです。

導入インストラクション例

　例えばサッカーをしている子は、シュートがうまく決まらなかったとき、何が悪かったのかな？　次はどうすれば良いかな？　と考えるよね。いろいろ試して、修正して、成長していきます。勉強もそうだし、普段の生活も同じです。

　今日から振り返りジャーナルを始めます。これは、私たちが毎日の勉強やクラス、自分や友達のことを振り返るためのものです。

　実は私も1週間、振り返りジャーナルを書いてみました。そしたら、いろいろと気づいた発見がたくさんありました。今日からクラスで振り返りジャーナルを始めます。これを使って、一緒に成長していこうね！

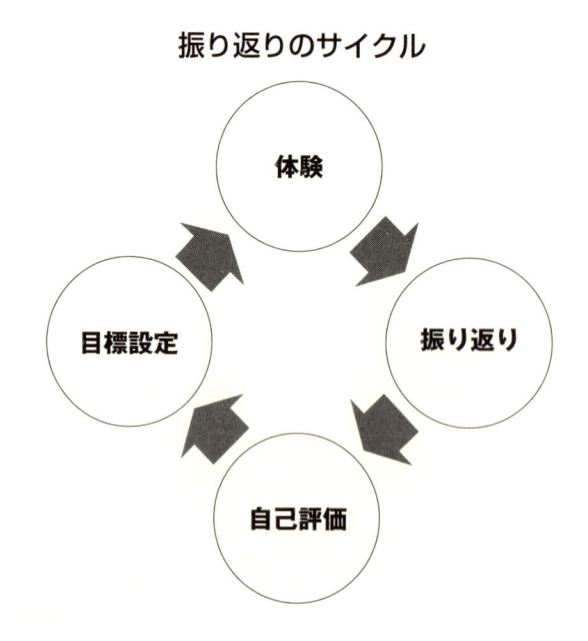

振り返りのサイクル

体験 → 振り返り → 自己評価 → 目標設定 → 体験

● **大事な約束**

1 人を傷つけたり、汚いことを書かないがルール。ほかは何でもOK
2 振り返りを書いたあとは、イラストやマンガを描くのもOKです
3 学級通信に載せたいなあと思ったときは、本人の許可をもらいます
4 低学年以外は保護者や家庭には見せません（思春期は書きにくい）
5 見せるときは、最初からその約束で書きます
6 返事は毎日、書きません（基本はサインやハンコだけです）
7 返事はポイントをつかまえて、「OK！OK！」「ナルホド」「応援してるよ」など短く書きます
8 返事は40人分を20分で書けるように練習します
9 先生は毎日、ちゃんと読んでいることを話題にして伝えます

● **コンセプト**

1 振り返りジャーナルは安心、安全の場。子どもと担任が安心と信頼でつながります
2 子どもたちが書く量はバラツキがあります。それも認めます
3 書いたことを話題にし、その場で子どもにフィードバックします
4 毎日、返事を書くと仕事量が増えます。最初から「返事は書かないよ」と見通しを共有しておきます
5 その分、しっかりと言葉や態度で子どもたちに返しましょう
6 子どもたちが失敗や残念な告白を書いてきたときも、「書いてくれてありがとう」が私たちのスタンスです
7 怒られると思うと、子どもたちは書かなくなります。怒りたくなるときも、まずは焦らず一緒に考えていくことを伝えましょう
8 子どもたちは、たくさんの情報を担任に伝えてくれます。「ありがとう」をしっかりと返しましょう

ACT⑧ 学級通信

　私たちが日頃、家庭に連絡をするときは、トラブルや心配ごとを伝えるときが圧倒的に多く、家庭とのチャンネルは、冷えたものになりがちです。子どもが毎日、元気に教室で過ごしている姿は、とても温かい情報なのに、驚くほど家庭と共有できていません。
　ここでも４：１の信頼ベースのチャンネルが大事です。
　子どもの育ちを願う家庭と担任が、日頃から情報共有をするために、学級通信はとても有効なツールです。日々の様子を共有しておきましょう。

（参考文献『学校が元気になるファシリテーター入門講座』ちょんせいこ、解放出版社）

●目的
1　子どもの成長を共に願う家庭と担任が、つながるツールにします
2　クラスの成長や日頃の様子、担任や家庭の思いを共有します
3　クラスの様子を具体的に伝え、家庭での対話のきっかけにします

●書き方のポイント
1　タイトル部分に基本情報とコンセプトを記載します
　　通信名／意味／発行年月日／通し番号／学校・学級名　など
2　写真はインパクトのある大きめの写真１枚を掲載します
　　➡小さい写真のときは、一つのところに集めます
3　各コーナーに「読みたい」と興味をもてる見出しをつけます
　　➡コレ何？　と、さらに深く読みたくなる見出しが有効です
4　本文が７行以上になる場合は、小見出しをつけます
　　➡よっぽどのことがないかぎり、長い文章は読みません
5　本文の基本フォントは明朝体かゴシック体にします
　　➡商業誌や新聞のフォントに、私たちは体験的に慣れています

6　各記事のツラを合わせます
7　定番コーナーのアイコンを掲載します

●見通しを立てて学級通信をつくります

1　基本的に温かい情報を掲載。信頼ベースのチャンネルにします
2　名前や写真の掲載許可を最初の保護者会で伝え、許可をとります
3　バランスよく子どもたちの日頃の様子やエピソードを紹介します
4　定番コーナーをつくり、日頃から記事にする出来事を意識します
5　発行頻度を決め、定期的に発行します
6　子どもや家庭、ほかの先生などが書くコーナーをつくります
7　予定を立てて、余裕をもって原稿依頼をしておきます
8　誤字、脱字、内容を適切な人に校正してもらいます
9　学級通信にかける時間コストをあらかじめ決めておきます
10　「書きたい」ではなく、「読みたい」学級通信をめざします

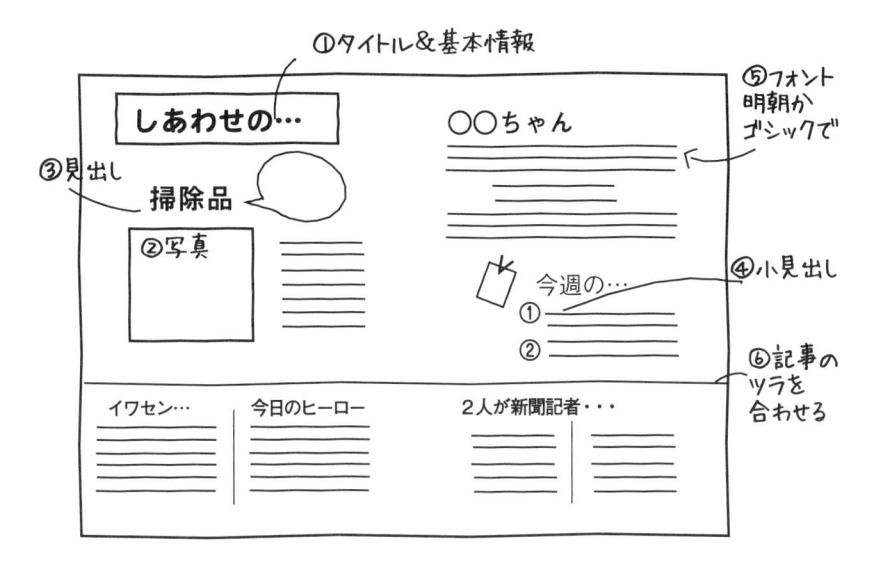

「イワセンの学級通信」紹介

ポイント1　見出しは大きく、太文字にします

　グニャッと曲がった文字は読みにくいので、Wordアートは使いません。強く伝えたいキャッチコピーは、太くて大きな文字。フォントを変えるのもあり。あるいは太マジックで手書きが基本！　です。

ポイント2　まとまった余白があるから、安心して読めます

　コーナーの間に余白をつくります。余白があるから、文字が浮き上がってきます。余白のない文字ばかりの通信は、読みにくいものです。

ポイント3　写真の形は四角が基本

　写真の形は四角が基本。丸や楕円は使いません。商業誌を見てください。大抵が四角か抜き型です。丸や楕円は中途半端な余白を生み出すので紙面の有効活用がむずかしい。やわらかさを出したいときは、形ではなく、写真のコンテンツをやわらかくします。

ポイント4　日本語が母語でない家庭へのチャンネルをつくる

　日本語を読めない家庭の場合は、行政や国際交流協会の翻訳サービスに依頼し、母語に翻訳する社会資源を活用します。それがむずかしい場合は「ここは必ず、周囲の人に翻訳してもらってください」と伝えるアイコンをつくる。1コーナーだけは、その国の言語で書く。「やさしい日本語コーナー」をつくるなど。ニーズに合わせて小さくてもいいから、チャンネルをもっておくことを大事にします。

○「やさしい日本語」の参考HP。弘前大学人文学部社会言語学研究室のHP
　http://human.cc.hirosaki-u.ac.jp/kokugo/ej-top.html
○外国語の学校文書の参考HP
　http://www.funabashi.ed.jp/data/kokusai/（千葉県船橋市）

ACT ❾ お子さんの紹介文

　子どもたちのことを早く知りたいときは、よく知っている人に教えてもらうのが一番です。これまでの成長の記録や印象的な出来事、得意や苦手などを伝えてもらう「お子さんの紹介文」を作成して配布します。
　4月は提出書類が多く、さらに書く負担をかけるのは申し訳ないですが、逆にご家庭も「書くモチベーション」が高いときなので、お願いしましょう。共に子どもの幸せを願うパートナーシップが大事です。

● 目的
1　子どもの成長を共に願う担任と家庭が、つながるツールにします
2　家庭の子どもの様子や心配ごと、担任への思いを伝えてもらいます
3　家庭訪問をするときに、この紹介文を話題にします

ポイント

①フォーマットは、A4判1枚のシンプルなものにします。
②内容は以下のとおりです。
　　1　お子さんは、どんな子どもさんですか
　　2　印象的な子育てのエピソードを教えてください
　　3　この1年への期待や心配ごと、担任に伝えておきたいこと
③書かない家庭もありますが、それもまた、大切な情報です。
④ときどき読み返します。家庭の考え方や子どもの歴史がわかります。
　子どもとのコミュニケーションのきっかけにもなります。

ACT ❿ 一筆箋で家庭へ連絡

　これも家庭への連絡用のツールです。伝えたいことを4行程度の短い文章で伝えます。信頼ベースのチャンネルにするために、特に最初は、子どもの学校での温かい様子を伝えることを心がけます。もちろん、心

配ごとやお願いも、これに書いて伝えてOKです。

● **目的**
1 　家庭への個別の連絡や情報共有をします
2 　日常的な子どもの良かったことや温かい教室での様子を家庭に伝えます

>ポイント

①4行程度なので、書くことへの負担が少ない。
②思いついたときに書き、あとから子どもの連絡帳に貼れるので便利。
③「温かい情報」を伝えることが基本。まずは信頼ベースのチャンネルにします。

今日、クラスで男の子同士のケンカがあったのですが、○○君、2人の間に入って、2人の言い分を聞き、解決のお手伝いをしてくれたんです！その優しさと行動力にボクは感動しました。本当にステキなお子さんですね！うれしくておテ紙しちゃいました。

イロロ

一筆箋　文例

ACT⑪ 黒板メッセージ

> おはよう!!
> とつぜんですがクイズです!
> 昨日、職員室でとっても うれしい ことを聞きました。
> それはなんでしょう?
> ヒント1 1年生の先生、英語の先生に聞きました!
> ヒント2 みんなに関係することです。
> 正解はのちほど〜!

　教室に入ったとき、子どもたちが必ず確認するもの、それは黒板です。ただの待ち時間も、黒板にメッセージが書いてあると、ドキドキ、ワクワクな気持ちの時間に変身します。朝、学校に来たときの段取りや授業のスケジュールが書いてあると、子どもたちも見通しをもって、自分の判断で動きます。
　日常的に子どもたちへのメッセージを伝える有効ツールの黒板を最大限に活用しましょう!

● **目的**
1　黒板に温かいメッセージを書き、可視化して共有します
2　見通しを共有し、子どもたちが判断して動く体験を積みます
3　書いておくことで、翌日の仕事の段取りを考えます

● **進め方**
1　黒板をスッキリ片づけて、有効面積を広げます
2　白（基本）、黄（大事）、赤（最重要）で色分けします

3 メッセージは前日放課後か、子どもたちの登校前に書きます

ポイント

①特に4月はワクワクするクイズや「こんなクラスにしたいね」など、読んで楽しみな情報を書いておくことが肝心です。
②「笑顔であいさつをするとボクはとてもうれしいんだ。笑顔で楽しい1日にしようね」など、温かいメッセージを共有します。
③提出物の手順なども書いておくと、子どもたちが判断して動きます。順序よく、切り分けて書いておきます。

授業の進め方

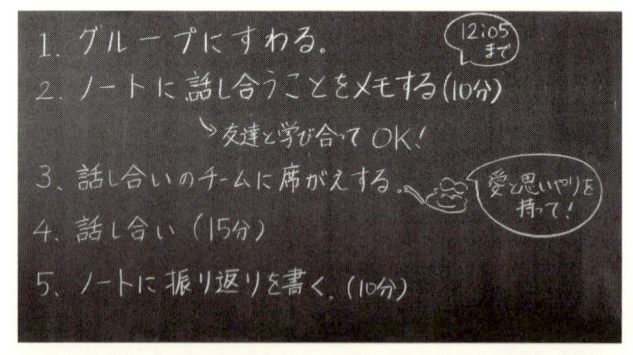

子どもたちへのメッセージ

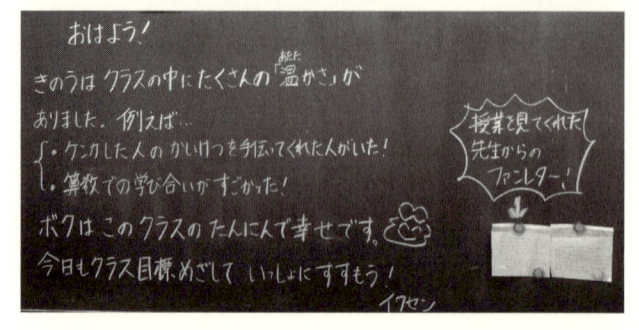

（参考文献『子どもの力を引き出す板書・ノート指導のコツ』岩瀬直樹他著、ナツメ社）

ACT⓬ ホワイトボードでペアトーク

　1人ひとりの意見が活かされる。お互いに意見を聴き合いながら、合意形成や課題解決の方法を考える「元気になる会議」の進め方「ホワイトボード・ミーティング」の子ども版へのプロセスです。

　お楽しみ会や係活動を企画するとき、揉め事の解決や学習の理解を深める、学び合うなどのいろんな場面で活用できるアクティビティです。まずは、オープン・クエスチョンゲームで慣れてから、ホワイトボード・ミーティングへと進みます。

　教室にホワイトボードを常備し、何か相談したいことがあれば、ホワイトボード前に集まり話し合う、学びのプロセスを育みます。

●目的
1　子どもに聴き合う（＝学び合う）関係性を育む
2　オープン・クエスチョンで話を深める練習をする

●準備物
1　ホワイトボード（60×90cm）／4人に1枚
2　ホワイトボード・マーカー（黒）、イレイサー
3　質問＆あいづちカード（59ページ参照）

●進め方
1　グループで座り、ホワイトボードを置きます
2　ホワイトボードを4つのコーナーに区切ります
3　横どなりのペアで、じゃんけんをして勝ったほうが聴き役です
4　テーマを決めて、質問をしながら意見を書いていきます
5　時間がきたら交代です。同様に進めていきます

> **インストラクション例**

　まずは、オープン・クエスチョンゲームです（60ページ参照）。「好きな食べ物」をテーマにやってみましょう。例えば、こんな感じです。（子どもを1人指名してモデルになってもらう）私に「好きな食べ物というと？」と質問してください。質問はカードにある言葉でお願いします。

　「好きな食べ物というと？」「ケーキです」「具体的には」「チョコレートケーキが大好きです」「へえ、そうなんや。どんな感じ？」「ショコラ系で駅前のケーキ屋さんが一番、おいしいです。何個でも食べます」……という感じで質問カードに書いてある言葉を使って、質問をします。だんだんと相手のことがわかってくるよねえ。

　最初は言葉だけで練習します。隣の席の人とじゃんけんです。はい。勝った人、手を挙げてください。ファシリテーター役です。相手に質問をします。負けた人、手を挙げてください。話し手です。ファシリテーターの質問に答えましょう。では、最初は1分に挑戦しようかな？　どうですか？　OK？　では、1分に挑戦しようね。話が詰まったら「ほかには？」と聞きます。沈黙になってもOK。

では「好きな食べ物は？」からです。よ〜いスタート！
（1分で終了。役割を交代して実施）

オープン・クエスチョンにも慣れたかな。どう？　うん。
　じゃあ、次はさらにレベルアップして、ファシリテーター役の人は聴きながら、相手の意見を書くことにチャレンジしてみよう。どう？　やれそう？　大丈夫、大丈夫。失敗、間違い、まったくOKだからね。最初はうまくやれなくて当たり前！　繰り返すうちに、だんだんと上手になるよ。じゃあ、今度は「聴きながら書く」をやります。見ててね。

　（モデルを指名する）では、テーマは「私の好きなこと」にします。スポーツや歌手、マンガやゲーム、なんでもOKです。自分が好きなことについて、質問してもらって話をします。

　どうかな。イメージわきましたか。では、同じようにペアでやります。時間は2分です。スタート！　はい、終了です（交代する）。

> ・スポーツけいだと なわとびなど
> ジャンプすると体があたたまる
> 近くにいる人とやるといろいろなとびかたがあるよ
> ・鉄ぼう
> いろんなわざができるし、なわとびみたいいろいろくふうでやってたのしい。
> ・クラスでサッカーをやると楽しい。

では、いよいよ本番です。新しい学年になって、チャレンジしてみたいことってあると思います。みんなが中心になって、このクラスをつくっていくことも新しいチャレンジの一つ。このクラスが最高に近づけるためには、どんなチャレンジをしたいですか。どんなことでもいいから、ペアで聴きながら書いていきます。
　例えば、みんなと仲良くするとか、新しいことにチャレンジするとか、最初はどんなことでもかまわない。オープン・クエスチョンで、だんだんと具体的に聴いていきます。
　ただし、どんな意見でもOKだけど、友達を傷つけるようなことだけは禁止です。大丈夫かなあ？　何か意見や質問ありますか？
　では、スタートです。

ポイント① オープン・クエスチョンに慣れます

　まずは、オープン・クエスチョンだけの練習です。楽しい話題を選ぶことを大事にします。日常的に、子どもたちがオープン・クエスチョンで話を聴き合う機会を設けます。最初は1分。子どもたちと相談しながら、3分、5分にチャレンジしましょう。

ポイント② 少しずつハードルをあげます

　次は質問しながら書いてみます。いきなり本題に進むのではなく、一つずつステップをあげます。質問すること、書くことに慣れたら「このクラスを最高に近づけるためのチャレンジを聴き合う」へと移ります。学び合うプロセスをつくってから、本題に取り組みます。

ポイント③ 遊びで慣れることって大事です

　子どもたちがホワイトボードに慣れるプロセスも、丁寧に積み上げます。例えば、「自由に落書き」や「絵しりとり」も、とても有効なアクティビティです。

ACT⑬ 教室リフォームプロジェクト

　教室のオーナーは子どもたちと先生。だから、毎日過ごす教室を自分たちの手でつくるのが、教室リフォームプロジェクトです。
　教室に入ったら、ホッとできるリビングルームのような居心地の良さを感じる。友達と学びを深め合う。そんな空間をクラス全員と先生が協力して、知恵と工夫でつくります。
　自分たちでつくる教室だから、愛着もわく。大事にする。オーナーとしての自覚と責任をもつ。教室リフォームプロジェクトは子どもたちのオーナーシップがグン！と高まるアクティビティです。

● **目的**
1　教室における子どもたちのオーナーシップを育む
2　自分たちの創意工夫が、教室の機能を高める体験を積む
3　誰にとっても居場所のある温かい教室づくりを進める

● **進め方**
1　教室に何もない状態からスタートします
2　リフォームプロジェクトの進め方を説明します
　(1)目的を共有します
　(2)写真や『最高のクラスのつくり方』でイメージを共有します
　(3)先生の希望を伝えます。任せる範囲も伝えておきます
　(4)道具類や活用できる素材を置いて見せます
　(5)居心地の良い教室をつくる方法をペアで聴き合います
　(6)黒板に書き出し、先生がコーナーごとに分けます
　(7)子どもたちが担当したい場所に、自分の名前磁石を貼ります
　(8)最初は2時間。翌日、翌々日に少しずつ進めます
3　完成しなくてもOK。日々、使いながら改善します

インストラクション例

　ボクたちのクラスは、ボクががんばってつくるのではなく、みんなでつくっていきます。授業も同じだよね。今、この教室はどんな感じがしますか？　そうだよね。スッゴイ寂しい教室だよね。今から、この教室をボクたちが「ずっといたい」とか「ステキだな」「勉強しやすいな」と思える教室にしたいと思います。

　テレビで「大改造!!　劇的ビフォーアフター」という番組を観たことがありますか。匠の技によって、家がきれいにリフォームされる。ボクたちも終わったときには「なんということでしょう！」って言われるような、学びやすくて、居心地の良い教室をつくろう。

　まず、今の写真を撮っておくね。

　では、どんなふうにしたら、教室の居心地は良くなるか、ペアで話し合ってください。

ポイント1　モデルを示してイメージを共有しよう

　写真や『最高のクラスのつくり方』を見て、子どもたちとリフォームイメージを共有するプロセスが大事です。モデルがあるから、アイデアも出てきます。「負けたくない」プライドもわきます。

ポイント2　担任の希望は最初に伝えて共有します

　担任もクラスの一員。授業で使うプリント類はここに置きたいなど、教室の環境構成に関する希望は、最初に伝えます。ある程度、決まってしまってからダメ出しされると、子どもたちが動きにくくなります。

ポイント3　任せる範囲を決めて共有します

　任せる範囲も伝えます。前ページの写真のように教室全部を空っぽにしなくても、「教室と廊下の掲示スペースをリフォームしてね」と限定的に取り組むのもアリです。最初に任せる範囲を共有します。

ポイント4　活用できる材料を共有します

　道具や材料は最初に出しておきます。レターケースや棚、本、畳、シール、座布団、机など。全部を使う必要はなく、子どもたちが選んで使います。使ってほしいものがあれば、伝えておきます。

ポイント5　「インタビューに来てね」と伝えます

　基本は子どもたちに任せます。上手じゃなくても大丈夫。でも担任にも「インタビューに来てね」と伝えておきます。

ポイント6　だんだんと進化していきます

　初日は2時間、翌日に1時間取り組みます。任せる範囲に合わせ時間設定をします。最初はショボショボでも。使ううちにドンドン改善します。

公開！ イワセンの教室リフォーム

　テレビ前には、小さな机を置いておしゃべりスペース。休み時間に集まって一緒にトランプをしたり、楽しくおしゃべりをします。算数や国語の勉強に取り組んだりもします。

　使っているうちに必要なモノがわかるので、子どもたちがあとから考えて、バージョンアップしました。引き出しにラベルを貼り、コマゴマしたものの整理もOKです。

奥には畳コーナー。子どもたちが本を読んだり、囲碁をします。本は1200冊くらいで保護者がボランティアでサポートしてくれます。
　イライラしたときに座るクールダウンチェアもあります。

　いろんな市町村へ行くと学校によって、建物や設備が随分と違うなあと感じることがあります。
　比較的、新しい学校は驚くほど機能的で美しい。全部の学校がそうなればいいなあと思いますが、建て直しには莫大な予算がかかります。
　その点、教室リフォームプロジェクトはホントに少ない予算のやりくりで、機能的で温かい教室をつくる活動です。古い教室、中古のテーブルやお下がりの本も。子どもたちがアレコレと考えて「居心地の良い空間」をつくる重要なアイテムに変身。素晴らしいです。

（参考文献『学校を作ろう』工藤和美、TOTO出版）

ACT⑭ 静かをつくる

　ファシリテーションを効かせた授業は、聴き合う機会をたくさんつくります。聴き合う活動は、静かな集中とセットです。効果的に進めるには、緩急が大事です。また「静かにしなさい」と注意や指導をするたびに、子どもたちの関係性を冷やしてしまいます。それは避けたい。だから、最初に子どもたちと「静かをつくる」を体験的に共有しましょう。温かい教室をつくる大事なアクティビティです。

● 目的
1　静かにするではなく、みんなで力を合わせて静かをつくります
2　心の体力を冷やさないためのルールであることを共有します
3　注意をするときは小声で、そっと注意することを共有します

● 進め方
1　目的とルールを説明します
2　10秒、30秒、1分とチャレンジのハードルを上げます
3　達成ごとに拍手をします
4　途中で笑ったり、声を出したらアウトです
5　アウトの原因をつくった人に立ってもらい、クラス全員で「チャチャチャ、ドンマイ」をします
6　手を挙げたら「静かをつくる」の合図であることを共有します
7　やがて「お待ちします」だけになることを伝えます

　　　　　　　　インストラクション例
　もし、授業中、私が「コラ、そこウルサイ！」「静かにしなさい」って注意したら、みんなの「心の体力」はどうなる？　そうやね。冷めるよね。私もそんなことは言いたくないです。なので、今から「静かをつ

くる」というゲームをします。

　静かにするではありません。みんなで協力をして静かをつくります。

　このゲームの間は、せき、くしゃみ、鼻水、おなら一切禁止です。机や椅子の音も鳴らしません。クラス全員で協力をして静かをつくります。ときどき息を止める人がいるけど、命をかけてやるゲームではありません。みんなの命が大事です。息はしっかりしてください。

　せき、くしゃみ、おならも、体が大事なので、してもいいことにします。でも小さい音でしてね。ルールは顔をあげて、目を開けておくこと。チャレンジは10秒、30秒、1分。まずは10秒からチャレジしたいけど、どう？　OK？　じゃあ、今のうちに、せき、くしゃみ、おなら、机バンバン、足ドンドンしておいてください。

　では、いきます。よ〜いスタート！

ポイント1　チャレンジするかどうかを相談します

　10秒達成がむずかしいクラスもあります。チャレンジは3回までが基本。それ以上は、子どもたちに「チャレンジする？　やめる？」と相談して決めます。後日に再チャレンジでOK。そこまで力をためます。

ポイント2　クオリティはアセスメント次第にします

　静かのクオリティは、アセスメントによります。最初は小さな成功体験を積み重ねたいので、チョットくらいの音は許容することもアリです。でも必ず「特別にOK」と伝え、次へのチャレンジを見通します。

ポイント3　今の記録を大事にします

　例え記録が5秒でも。「残念！　でもこの5秒が大事なスタート。少しずつ伸ばしていこう」と声をかけます。「たった5秒？」など。見捨てられ感を深める言葉はかけません。すでに言われ続けています。

インストラクション例

　今日のこの記録は残念かもしれないけど、大事にしよう。次のチャレンジはいつにする？　明日？　今から？　う〜ん。1週間後にしない？それまでに、みんなでクラス目標を意識しながら、協力したり、楽しく過ごしたりして力を溜めよう。そして、1週間後にチャレンジするときは、クラス全員で力を合わせて1分をクリアしよう。

　では、今からのルールを説明します。私が静かをつくってほしいな……と思うときは手を挙げます。気づいた人から、同じように手を挙げて静かをつくってください。全員が気づくまで待つね。

　そしてやがては、「お待ちしています」と言って、前でみんなが静かをつくるのを待ちます。手も挙げません。私が黙っていることに気づいた人から静かをつくってください。もし、しゃべっている人がいたら、小声でそっと教えてください。これがクラスのルールです。

　協力し合ってやっていこうね。

ポイント④　静かをつくれば、価値ある情報が得られるサイクル

　基本は、静かになるまで話し始めません。静かをつくれば、私たちが話し始める体験を積み重ねます。時折、手を挙げて可視化し「静かをつくれば価値のある情報を得ることができる」体験を積み上げます。

ポイント⑤　待つ子を待たせ続けない

　「待っている子の心の体力を冷やす」ことはしません。静かをつくれないときに、待つ時間の目安は1分です。「8割静か、9割静かだけど特別にOKにしときます」と宣言して話し始めます。そして10割に子どもたちとチャレンジし続けます。

ポイント⑥　子ども同士の注意は小声が基本

　子ども同士で注意するのはNGです。今、注意した子が次は注意され

ることも多く、説得力がありません。何より、子ども同士の関係性を冷やします。代わりに小声で「シー」と伝える。トントンと肩を軽くたたくなど、注意ではなく、お互いに気づきを促すようにします。

ポイント7　心が満たされれば、クラスは落ち着きます

静かにならないクラスは「心が満たされていない」クラスです。本書で紹介するアクティビティを活用して、信頼ベースで、子どもたちの気持ちを満たすことを丁寧に積み重ねていきます。

ポイント8　マイナスの行動に承認を与えない

ずっと話しかけて授業の進行を妨げる子に、いちいち反応しません。「妨げる＝担任にかまってもらえる」体験的な学びのサイクルを変えないかぎり、収まりません。こんなときは、「あなたのことが大好きだし、話も聴きたいけど、授業を進めたいから悪いけど少しの間、返事しないよ。あとでゆっくり聴くね」とみんなの前で伝えます。

前年度に学級崩壊などを経験していて、静かをつくることがむずかしい場合は、詳しくは169ページの「学級崩壊を経験した子どもたちのために」を読んでください。子どもたちの心が満たされないクラスは、ザワザワと落ち着きません。先生の注意、指導が増えると、余計に満たされない悪循環です。学級崩壊は信頼関係の崩壊です。本書の中でも、特に「読み聞かせ」と「振り返りジャーナル」でしっかりと温めながら、信頼と小声の文化を育んでいきます。クラスは一つのチームで共にゴールをめざすこと。子どもたち1人ひとりにも、めざすゴールがあること、そして振り返りを積み重ねること。そんなことを感じる、心が満たされた教室は落ち着いていきます。

ACT⑮ 4つのコーナー

　お互いを知り合うのに、効果的なアクティビティです。自分の意見をキーワードやシンプルな文章で、いったん文字化してから発表します。発表時間は1分。たかが1分。されど1分。効率的、効果的な情報共有と温かい拍手で子どもたちに関係性を育みます。

● 目的
1　自分の意見をキーワードやシンプルな文章で発表する力を育む
2　友達の発表を聴く力を育む
3　好意的な関心の態度で、教室に温かい拍手の文化を育む

● 進め方
1　グループになります
2　A4用紙を1人1枚ずつ使います
3　水性マジックを使います（色は黄色とオレンジ以外）
4　紙を4つに折り、4つのコーナーをつくります
5　先生が黒板に質問を書き、進め方の説明をします
6　先生がモデルを示します
7　子どもたちが、質問の答えを書きます
8　書き終わった人は、イラストなどを書き加えます
9　5分たったら発表をします
10　じゃんけんをして、一番、勝った人から右回りで発表します
11　話を聴く人は、好意的な関心の態度で体ごと向けて聴きます
12　終わったら拍手をします
13　時間が余っていたら、質問をします
14　1分たったら、もう一度、拍手をして交代し、全員が発表します

※クラス全員が名簿を持ち、全員と紙を見せ合いながら、自己紹介を繰り返す「総当たりインタビュー」バージョンもあります
　共有の方法は、クラスの状態とそのとき育みたい関係性のアセスメントにより選びます

インストラクション例…グループ発表の場合

1　まず、紙を折って４つのコーナーをつくってください。黒板に質問を書いているので、その答えを書いていきます。キーワードやシンプルな文章で書きます。
　例えば、私だとこんな感じです（書いて見せる）

好きな食べ物	好きなこと
このクラスへの期待度	プラス2点にするために大事にしたいこと

おすし（特にブリ）　　ダンス

7点／10

友だちに、ダンスを教えて、クラスを明るくする♥

　何か質問はありますか？　書くための時間は４分です。途中で質問があれば、小さな声で呼んでください。では、よーいスタート！
　ボチボチ終了です。紙を裏返し、マジックを置いてください

2　発表（聴き合う）ルールを説明します。発表はひとり１分です。立って、紙を見せながら、同じグループの人に向かって発表します。ゆっくりと落ちついて話をしましょう。早口はダメです。情報量が多いときは、強弱をつけます。じっくり聴いてほしいことは長めに話す。それ以外は、サッと読んで終わる。強弱をつけたプレゼンテーションの技術は、とても大事です

3　聴いている人はサイドワーカー（良き参加者）です。体ごと好意的な関心の態度を向けて話を聴いてください。１分間はその人の時間

4…最初の１週間を丁寧につくろう　137

です。時間が余ったら質問をして、話を深めましょう

4 大丈夫かな？　では、グループでじゃんけんをして、一番の勝ちを決めてください。決まりましたか？　では、勝った人、手を挙げてください。一番、最初に発表します。右回りに発表していきます

5 では、最初の人、立ってください。よーいスタート！（1人1分ずつで交代）

6 全員、終わりましたか。では紙を回収します。集めて前に持ってきてください（担任が少しずつピックアップして読む。ただし全員の分を漏れなく読んで共有）

7 これから1年間。じっくり時間をかけて、お互いのことをわかり合っていこうね。そして楽しいクラスをつくっていこう

● 総あたりインタビューの場合

1 は同じです

2 では、今、書いた紙とクラス全員の名前を書いた名簿と鉛筆を持ってください。今から20分でクラスの全員と自己紹介をします。全員とすることがチャレンジです。まず、出会ったら、軽くハイタッチをします。念のため名前を確認し合ってください

3 じゃんけんをして、勝った人が先に紙を見せて自己紹介します。負けた人は、なんでもいいから1つ質問をしてください。質問に答えたら交代です。名簿の名前に〇をつけたら、またハイタッチでバイバイします。そして、次の人を見つけて、同じことを繰り返します。20分内にクラス全員と自己紹介をすることがチャレンジです。終わった人は、教室の前に来て座ります。慌ててやるのは残念だから、ゆっくり。でもドンドンやろうね。質問ありますか？　OK？　では、よ〜いスタート！

● 4つのコーナー　発問事例集

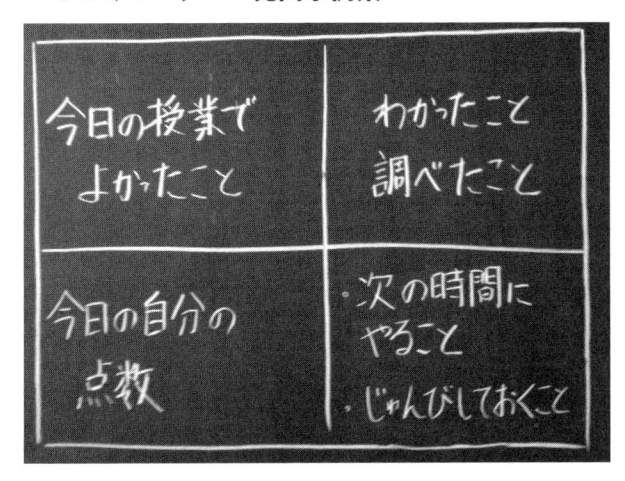

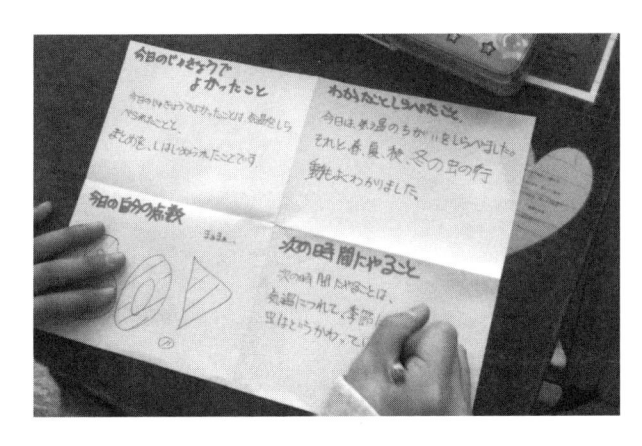

授業の終わりに、今日の学びを振り返りA4の紙に書きますグループ内で発表し合い、お互いの学びを共有します

　　　書くことで自分の意見を整理できるので、効率よく効果的に発表、共有できます。拍手やハイタッチで関係性も温かくなる。とても大切です。例えば、場面かん黙の子も。書くことができたら、1分間、立って紙をみんなに見せます。本人から言葉はなくても、文字を通じて、言葉を交わす。まわりの子たちが「へ〜。そうなんや」と話題にする。拍手を送る。とても温かい時間が流れます。

ACT⑯ お掃除プロ制

　子どもたちに「お掃除好き？」と質問すると、だいたい「面倒くさい」「キライ」と答えが返ってきます。どうしても「やらされ感」満々の使役な活動になりがち。そうなると先生も「保安官バッジ」をつけて「ちゃんとやっているか？」モードになってしまいます。

　ところがお掃除も自己選択、自己決定で「ここを掃除する！」と自分で決めてやると結構、楽しくなります。もっときれいになる方法を調べて工夫したり。それで「キレイになったね」と感謝されると余計に張り切っちゃう！　お掃除プロ制は、みんなが燃えるアクティビティです。

●目的
1　掃除する場所を自己選択、自己決定することで掃除へのモチベーションや掃除場所への愛着を育みます
2　1学期間、同じ場所を掃除することで、掃除の技術を高めます
3　キレイになることの心地よさを体験的に学びます
4　一生懸命、創意工夫や協力をして掃除する喜びを体験します

●進め方
1　すべての掃除場所を黒板に書きます
2　掃除プロ制について、子どもたちに説明をします
3　子どもたちが第1希望の場所に名前磁石を貼ります
4　人数の調整が必要な場合は、子どもたちに協力を依頼します
5　チームごとにホワイトボードを活用して、掃除の進め方や役割分担を調整します。掃除時間は15分が目安です
6　掃除を開始して特に2週間は、先生がこまめにまわり、温かいフィードバックをします

インストラクション例

　ダスキンという会社を知っていますか。家にきてキッチンやトイレを掃除する会社です。1回で何万円もかかるけど、プロだから、とってもキレイにしてくれるんだって。

　ボクたちも毎日、掃除をします。どうせやるのだから、イヤイヤするんじゃなくて、お掃除のプロをめざそう。やらされるよりも、自分で掃除する場所や方法を決めたほうが楽しいと思う。どうかなあ。

　このクラスが掃除する場所を書きます。これを当番でまわしません。ボクたちは、これから掃除のプロになるので、ピカピカにする！ことに燃えます。だから1学期の間、同じ場所を掃除します。知恵を絞り、工夫して、誰が見てもプロと認める掃除をめざそうね。

　では、今から第1希望を聴きます。名前磁石を持って、自分が掃除をしたい場所を選んでください。でも教室に1人だったらどう？　トイレに20人だったら？　むずかしいよね。だから、あとから第2希望を聞いて、場所の調整をお願いすることもあります。

　大事なことは、「ココなら本気で掃除のプロをめざせる！」場所を選ぶこと。仲のいい子と一緒を優先すると、ついつい遊んでしまいがちです。じゃあ、名札磁石を貼りにきてください。

● 人数が偏ったときは

　掃除場所は、クラス全体で請け負っているから、ここはできないというのはクラス全体で調整が必要だね。誰か移ってくれないかな。

● それでも調整がつかないときは

　お掃除のプロとしては、チョットまずいよね。じゃあ、今、移ってくれた人は、2学期は優先的に掃除の場所を選べることにしよう。OK？
　じゃあ、違う場所に移ってもいい人を募集します。

ポイント1 掃除はチョット足りない人数のほうがよい

　ある程度、やれそうな人数で決定します。本当に、この人数とメンバー構成でやれるかは「チームで相談してみてね」とお願いします。メンバーが足りないときは、子どもたちから再募集をします。

ポイント2 掃除の方法を子どもたちが考え、工夫します

　チーム名をつくり、ホワイトボード・ミーティングで掃除の方法を相談します。大事なことは、①みんなが公平にかかわる、②声の大きさで決めない、③クラス目標を大事にする。どうすればよいか考えてみて！と任せます。

ポイント3 最初は温かいフィードバックを積み重ねます

　最初の2週間はこまめに掃除場所をまわり、温かいフィードバックを積み重ねます。「すっごい！　ピカピカじゃん」「ほうきの使い方、上手」。やっていることを温め続けます。ほかの先生にもお願いします。

ポイント4 振り返りの時間を必ずもちます

　さらにプロに近づくためにはどうするか。チームで1週間ごとに振り返ります。慣れてくると掃除時間内に振り返りができるようになります。

ポイント5 優れた掃除を見学にいきます

　優れた掃除があれば、ほかのチームからツアーを組んで見学にでかけます。その様子に学んでパワーアップ。ライバル心だってわきます。

ポイント6 先生が一生懸命のモデルを示します

　手慣れて、ソコソコやれて、ちょっと停滞気味のときは、先生が「本気で掃除する」姿を見せます。「今から15分、ボクひとりで、どこまで

やれるか見ててね」「一生懸命やるってこんな感じだよ。ボクたちは、もっと上をめざせる。もっとキレイになるよね」

● 掃除プロ検定……3級～1級

　子どもたちの意見で評価基準をつくり、検定試験を実施します。見事、試験に合格したら、名刺サイズの免許証を授与。誇らしげです。

　　めざせ！　そうじプロ1級
①15分休まず、ずっと動きまわっている
②時間内で振り返りまで終える
③おしゃべりゼロ（掃除の話はOK）
④誰が見ても「本気」が伝わる！
⑤汗がたれる
⑥工夫している（工夫を説明できる）
⑦すみずみまできれい
⑧あとかたづけもカンペキ
⑨2年生を2級に合格できるよう育てる

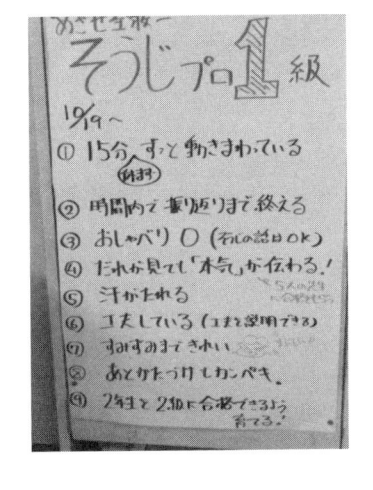

　掃除が上手になった頃、下の学年が2週間、弟子入りにきます。子どもたちはプロの自覚と誇りをもって、熱心に掃除を教えます。グンと成長する機会です。そうは言っても、さぼる子もいますよね。ボクは最初に、真剣にやらなくて3回注意されたら、3日間掃除禁止！　と伝えています。謹慎中はほかのチームの掃除を見学します。最初は「ラッキー」。でも、みんなの一生懸命な姿を見ているとドンドンつまらなくなります。本人が「やりたい」と訴えてもダメ。4日目にチームに戻ります。失敗を繰り返し、完璧にできるようになるまで8カ月かかった子もいます。でもホントに真剣にやるようになる。子どもたちってスゴイです。

ACT⑰ 席替え

　隣の席に誰が座るのか。それだけで学校に行くことが楽しくも憂うつにもなる。席替えは、子どもたちにとっては大きな、大きなイベントです。だからこそ、とても大事なアクティビティ。席替えにも、学び合うプロセスをしっかりつくります。

● 目的
1　クラスのなかに多様な関係性を育む
2　誰とでも、チームになる体験をする

● 進め方
1　丸い缶と番号を書いた割り箸を用意します（別品でも代用可）
2　子どもたちに席替えについて説明します（黒板に座席表を書く）
　(1) 1カ月に1回、必ず、席替えをします
　(2) くじ引きで決めます
　(3) 男女混ざるように、男子席、女子席を設けます
　(4) 誰とでも親友になれるわけではありません
　(5) でも気が合わなくても、どうしたらいいか考えていこう
　(6) 誰とでもペアやグループになることもチャレンジです
3　くじ引きで席を決める。名前磁石で可視化します
4　「愛と思いやりをもって」机を運び、移動します
5　新しい席に座ります
6　2つのペアが合体してグループをつくります
　※例えば、視力の関係で前の席を優先する子は、先に前の番号だけのくじを引くなどニーズに合わせて対応します

インストラクション例

　これから、1カ月に1回、必ず、席替えをします。方法はくじ引きです。くじに書いてある番号の席に座ります。誰の隣になるかは、まさに「くじ運」で決まります。仲の良い子と隣になったらうれしいよね。でも、気の合わない子と隣になることだってあります。「ゲッ」って、心では思ったとしても、絶対、言葉にはしないでね。

　誰とでも親友になれるわけじゃないよね。でも気が合わなくても、サッカーのときはゴールに向かって協力できるよね。大人になって社会に出たら、気の合わない人とも一緒にやっていく必要がある。せめて傷つけ合わない関係をつくるって大事なことです。1カ月後には、ステキな友達になっているといいなあと思います。

　ペアを2つ合体してグループをつくります。グループの席は、グルグル回るとかはOK。いつでも相談して決めたり、変えたりしてください。では、運命のくじ引きを始めま〜す！（フォーメーションの74ページ参照）

ポイント1　具体的な方法やルールを最初に共有する

　席替えの時期や方法を最初に説明し、子どもたちと見通しを共有することが大事です。特に期間がわかっていることが大事です。

ポイント2　公平性を大事にします

　絶対にありえない「最悪のペア」も誕生します。でも公平なくじ引きだから仕方がない。あきらめもつきます。揉めながらも、距離感をつかめるようにもなります。楽しいかかわりも育みやすいです。

ポイント3　子どもたちで調整する自由度を大事にします

　グループ内の席は自由に任せます。子どもたちのなかでやりくりして調整をつけるようにする。任せる自由度が大事です。

ACT⑱ 自分らしさを活かす「会社活動」

● 自分の「やりたい」会社をつくる

「それはそれは楽しそう」。子どもたちの姿がピカッと光るのが会社活動です。クラスがスタートしたら、子どもたちは仲間を募って会社を設立します。よくある「係活動」の分担ではなく、「自分のやりたいこと」で仲間を集めて会社をつくるのです。

会社活動は遊びの要素が多いのが特徴。だからこそ夢中になれます。自分の発意や自主性を活かし、そのモチベーションを大切に温めて、友達とつながり「会社」という名のチームを立ち上げる。話し合いや工夫を重ねて活動するプロセスは、自分の「やりたいこと」が、誰かの役に立つことを体験的に学ぶ場でもあります。

憲法で保障された「結社の自由」や、大人になってから組織で活動するときに役立つ「マネジメント」の原体験にもなる。ちょっと大げさですが、でも大事なことなんです。

● ひたすら「やりたいこと」を実現

会社活動は教室にありがちな「良い／悪い」の評価から離れ、ひたすら子どもたちの「やりたいこと」を実現します。だから、すっごく楽しくて、貴重な時間。

例えば「インテリア会社」の子どもたちは、家庭科で習った裁縫を駆使して、教室で使うクッションカバーを製作。ついにはゴムがとれた友達の赤白帽子を見つけては、補修を始めました。「特急宅配便会社」の子どもたちは、毎朝、職員室前で先生の出勤を待ち構え「今日の配布物」を奪うように持ち去ります。「生き物会社」の子どもたちは、校庭で「捕獲」したバッタを1日中、ジーッと幸せそうに眺めています。

「やりたい」ことにかけるエネルギーは無限。思いがけない意外な一面も発揮しながら、子どもたちはドンドン温まっていきます。

● **自己選択、自己決定がつくり出す「やわらかな時間」**

　やりたいことを考えてやってみる。自己選択、自己決定に支えられた「自分らしさ」を出せる活動がある教室は、間違いなく「自分の居場所」があります。「居場所」を獲得するためにたたかう必要がないので、子どもたちの間にとてもやわらかな関係を紡ぎます。

　「もっとやりたい」と思う気持ちが「創意工夫する風土」を醸成し、子どもたちはそのなかで自由に活動を展開します。この風土は、授業も支えてくれます。

　時にはトラブルも起きます。でも、それは困ったことではなく、むしろとても大事で、「好きなこと」にかけるエネルギーが、子どもたちの粘り強さや課題解決力を促進します。

　先生が「会社活動のクオリティを上げなきゃ」と考えて口出しすると「ひどくつまらない時間」になってしまうので、それは避けたい。休み時間も夢中になって、会社活動に励む子どもたちの姿に、先生もやわらかい時間を楽しめる。それも魅力です。

● **いいことだらけの「会社活動」**

　グループや掃除チーム、会社活動など。子どもたちはクラスで複数のチームに所属します。活動が同時進行するので、結果としてクラス全体の関係も深まります。どこか一つのチームで友達関係がつまずいても大丈夫。ほかのグループでの関係が支えてくれます。多様な友達関係が形成されるのです。

　揉めた友達とも、何カ月後かに同じ会社になると、「ずいぶんと変わったなあ」とお互いの成長を感じます。それが背中を押してくれて、「スゴイ次の一歩」を踏み出したりもする。そんなうれしい場面もあります。

　自分の強みや好きなことを活かせ、居場所があり、役に立って、やりたいことができる。自己選択と自己決定が保障される。創意工夫や課題

解決力が高まる。飽きない。楽しい！　会社活動は、いいことだらけなのです。

前日の導入インストラクション例

「係」には、どんな活動がありますか（子どもたちに意見を聴く。学習係、並ばせ係、黒板係、保健係など）。

そういう「やらなきゃいけない仕事」は、みんなで分担してやればいいよね。せっかくだからボクたちは「やりたいこと」で「会社」をつくりたいと思います。どうかなあ。

例えば、あるクラスでは「生き物会社」をつくりました。社員で相談してハムスターを飼ってみたら、すっごく可愛くてクラスのアイドルになった。「遠足にも連れていこう」と決めたけど、「だめ」って言われて連れていけなかったんだ。ある日、突然いなくなって、みんなで泣きながら必死で探したら、なんとトイレにいたんだよね。

「野菜会社」は、何を育てるかを自分たちで決めて、せっせと野菜を育て、収穫した野菜でパーティーをしました。「リフォーム会社」はハロウィンの飾りつけをしました。なんだかワクワクするよね。

どうせやるなら、そんな楽しいことがいいと思わない？　だから、ボクたちのクラスは今年、会社活動をしましょう。どうかなあ。どんな会社をやりたいか。明日、みんなの意見を聴きます。だから考えてきてください。ただし、条件があります。

第1条件は、自分が楽しいこと。どんなにステキな活動も楽しくないと続きません。

第2条件は、人の役に立ったり、笑顔につながること。レストランも

おいしいものを食べてお客さんが笑顔になる。幸せになることで役に立ちます。だから、会社活動もクラスの人が笑顔になることを考えてね。
　例えば「DS会社」や「殴る会社」はダメ。楽しいのは自分だけです。では、考えてきてください。

〇当日
　どんな会社を考えてきましたか。本当にやりたいことだけ出してね（子どもたちが出した会社活動を黒板に書きます）。
　意見をありがとう。じゃあ今から「自分がやりたい会社」に、名前磁石を置きます。ほかの子のアイデアが良ければそれもOKです。ただし、あの子がいるから……じゃなくて、本当にやりたいことで選んでね。ボクたちは誰とでも親友にはなれないけど、一緒にやりたいことを続けていれば、気が合わないと思う人とも友達になれるかもしれない。だからやりたいことで選ぼう！
　会社は友達とかかわりながら活動するのが大切なので、2人以上にします。

ポイント① 必ず、前日に予告

　自分が本当にやりたい活動を出し合うために、考える時間をつくります。イメージがわきやすいように、具体的な例を紹介しましょう。

　例：ほかにも、こんな会社があります
①外国語会社　　：クラスの外国ルーツの友達の母語を学んで教える
②家庭教師会社　：宿題がわからない友達に教えたり、一緒にやる
③大工会社　　　：本棚を作ったり、巣箱を作って校庭に設置
④フラワー会社　：お花を育てたり、家に咲いたお花を持ってくる
⑤図書会社　　　：図書コーナーの本に帯やポップを作り、紹介する
などなど……

ポイント② 自己選択、自己決定が大原則

　やりたいことを自分で選んで自分で決める、立候補制が大原則です。定員を先に決めて「オーバーしたら、じゃんけんで」という決め方はNGです。

ポイント③ 人数は4人がベスト

　人数はバラツキますが、8人だと話し合うのも大変なので「2つに分けてね。2つの会社はライバルではなくチームだから、協力し合える会社にしてね」と声をかけます。

ポイント④ 仲の良い子と離れたくない！ときは

　好き嫌いをもち込む子もいますが、最初は大目にみます。そのうえで「あの子がいるからじゃなく、やりたいことで選んでね」と言い続けることが大事。2学期、3学期には、だんだん「やりたいこと」で選べるようになります。

ポイント5　やりたい会社に1人だけ

「さすがに1人は切ないよね。どうする？」と聞きます。そして「やる」と言えばやります。「じゃあ、誰かスカウトしておいでよ」と声をかけ、先生からも「○○会社をしたいんだけど、誰か一緒にやりませんか？」と声をかけて支援します。

ポイント6　基本は1人に1つの会社

「先生、私はこっちに入っているけど、手伝うのでもいいですか」という声が出たとき。「切ない理由」があるときは、特別ルールでOKにします。だけど、基本は1人に1つです。複数を選んだ子が、よその会社に力を注いでいると「自分が愛している会社に一生懸命にならない社員」に不満がたまって揉めます。

● **基本的な進め方**
1　会社は、学期ごとに変わります

2　会社活動の立ち上げ期
○前日：会社活動の予告
○当日：1時間で①会社と社員を決める
　　　　　　　②社名を決めて、ポスター作成
○翌日：活動を始めます

3　活動開始

　会社を設立後、遅くても翌日には必ず1時間は取り組みます。以降、理想は週に1時間。1時間がむずかしければ、20分でもいいので継続することが会社活動が停滞せず効果的に進めるコツです。前日に「明日は会社活動です」と予告すると、子どもたちは「やったね！」と言いながら、相談します。日常的には、給食配膳の時間などを活用して取り組みます。子どもたちが温まって軌道にのると、休み時間も夢中になる子が出てきます。

4　学活での進行

1　会社ごとに集まって、その時間の取り組みを決めます
2　やることが決まったら、子どもたちが先生に報告します
3　会社ごとに活動を始めます
4　チャイムが鳴る5分前に、教室に集合します
5　今日の良かったこと、改善点、次回やることを振り返ります

エピソード

〇インテリア会社は、縫い物がうまくいかず困ったことに。「どうすればいいと思う？」と問いかけてみると、子どもたちは相談して「助っ人募集」のチラシを保護者に配ることを決めました。保護者から協力の申し出があり、無事、活動が充実しました。

〇野菜会社は「なんの種を植えるか図書室で調べてきます」と報告。先生は、「校務員の〇〇さんが詳しいよ。聞きにいってごらん」と子どもたちに情報提供します。もちろん〇〇さんには、事前にお願いします。弟子入りした子どもたちの腕はメキメキあがりました。

〇生き物会社は予算内で購入計画を立てます。空き缶を集めて換金し、

インコを購入したことも。長期休みは誰が預かるのかで揉めますが、それも大事。保護者と一緒に考えます。大切な生き物が亡くなって、みんなで大泣きすることも尊い経験です。

○新聞会社は、ヒマさえあればセッセと記事を書きます。デジカメで写真を撮り、プリントアウトして、貼り付けて完成。先生は印刷をするだけです。保護者から「教室の様子がわかってうれしいです」と反応があると、さらに燃えて記事を書きます。

○特急宅配便会社は、職員室前にプリントを取りにきて、何も言わなくても自分たちでセッセとホッチキスでとめて配ってくれます。教室にも箱があって、そこにボンボンいれておくと、気がつくと特急宅配便会社の子たちが配り終えている。まさに特急です。

ポイント7　自主性が命

かたくなに「会社の時間だけ活動する子」もいます。友達が活動していても、「休み時間はドッジ」と決めたら、ひたすらドッジ。でもそれも大事です。強制すると会社活動が「やりたくないこと」になり残念。子どもたちの自主性が命です。

ポイント8　吸収合併、倒産もあり

活動が停滞して、子どもたちが困り顔に。そんなときは、頃合いを見て「そろそろ清算しますか」と投げかけます。その結果、あっさり倒産して新会社を設立したり、メンバーがチリヂリに分かれてほかの会社へ移籍したり。そんなこともアリです。

ポイント9　時間がないときは

会社活動は、特に低・中学年は圧倒的におススメです。しかし、時間

のやりくりが大変な年もあります。例えば6年生は忙しい。でも「楽しみながら創意工夫する」風土はあったほうがいい。だから1学期だけでもおススメします。

ポイント10　先生がかかわるとき

　危険なときは声をかけます。大工会社がノコギリをしまい忘れていたら「放ったらかしだけど、どうしますか」と声をかけます。活動が停滞気味になったら先生が「ホワイトボード・ミーティング」で活動プランを考えるファシリテーター役をします。少し見通しが立つと、あとは、子どもたちを信頼して任せて大丈夫です。

ポイント11　材料の確保

　活動に必要な文具、消耗品、道具など（例えば野菜会社の種、大工会社の木材や大工道具など）の準備や入手の支援は先生の役割です。学校にあるものは、ルールを決めて貸し出します。ないものは、学級費で購入するなど子どもたちをサポートします。学級通信で、保護者に協力を依頼するのもOKです。

ACT⑲ 通常の係活動の進め方

● **進め方**

係活動の分担例を紹介します
1. 誰もやらないと困る仕事を出し合います
   （健康観察記録を届ける／号令をかける／黒板を消す／「いただきます」係／体育の準備体操など）
2. プラス１週間くらいかけて「クラスのためにできる仕事を探そう」を子どもたちと考え、一覧にして貼ります

○その１　「チョコッとボランティア」（チョボラ）
・クラスで「やりたい人」（ボランティア）を募ります。
○その２　「１人１チョボラ」
・１人１つの係活動にチョボラで取り組むことをルールにします。
○その３　「当番制」
・給食は１週間交代で、４人×２班で配膳。１班からウエイター、ウエイトレスをする。

　日直制もありますが、号令をかけるたびに「今日の日直は誰ですか？」と注意するタイミングを生みだすのが残念。「やった、やってない」のトラブルにもなりやすいです。

　ボランティア制の「いただきます」係は、ずっとその係です。毎日、時間ピッタリに前に出て、だんだんプロになります。短時間なので負担にもなりません。

　黒板をきれいにする係や体育の準備体操で「屈伸！　伸脚！」と号令をかける係は大人気。先生役や先生のものに触れるのは、基本的に楽しい。だからドンドン、子どもたちに役割を渡していきます。

ACT㉑ 子どもホワイトボード・ミーティング

● 目的
1 議論を可視化しながら、発散、収束、活用の合意形成や課題解決のプロセスを学びます
2 『元気になる会議』の進め方を学び、子どもたちが、ファシリテーターやサイドワーカーになることを学びます

● 準備物
1 ホワイトボード（60×90cm）
2 ホワイトボード・マーカー（赤・黒・青）、イレイサー
3 質問＆あいづちカード（59ページ参照）

● 進め方
1 ホワイトボードの前にグループで座ります
2 ファシリテーター役を決めます
3 話し合いのテーマを決め、ゴールを確認します
4 最初は発散です。思うことをドンドン出し合い、質問シートを使いながら情報共有を進めます（黒／発散）
5 ファシリテーターは、みんなの意見を書いていきます

6　全員がバランスよく発言するように意見を聴きます
7　十分、発散したら収束です。軸を決めて話を練り上げます（赤／収束）
8　議論のプロセスを活用し、行動や役割分担を決めます（青／活用）
9　ホワイトボードの写真を撮影し、記録を残します

ポイント1

　まずは簡単な短時間の話し合いからスタートします。意見を聴き合う。書くことに慣れる。オープン・クエスチョンに慣れる。お互いに好意的な関心の態度を向け合うことに慣れます。

ポイント2

　全員が発言し、書くことにより承認される体験を積みます。全員が発言できる心地よさ、友達の意見を聴くことに価値があることを共有します。

ポイント3

　十分な発散を促します。十分な発散のなかには、具体的な解決のヒントがあふれています。具体的な情景が共有できるまで、情報を共有することに慣れていきます。

●ファシリテーター10の心得

①聴き役です
②公平に聴きます
③最初、ひたすら書きます
④言葉じりまで書きます
⑤誰の意見か、わからなくなるように書きます
⑥不平、不満も大切に書きます

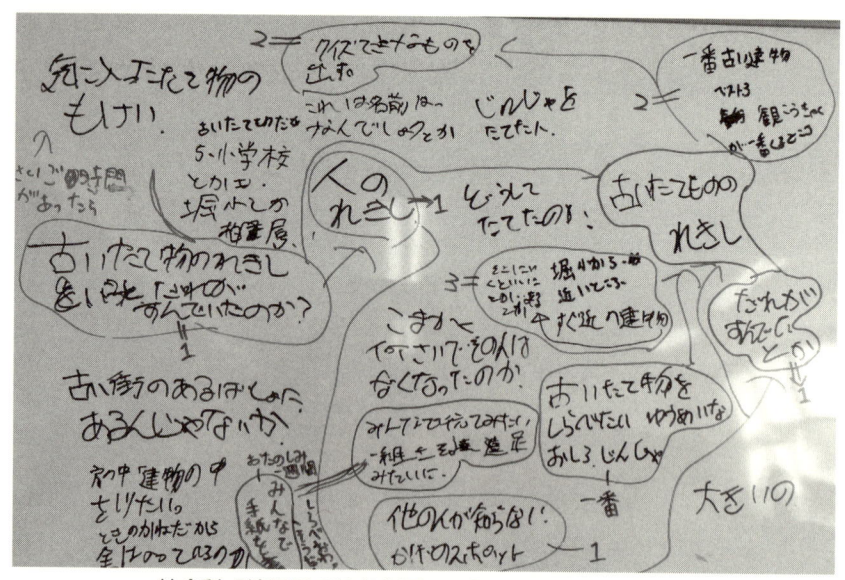

社会科「埼玉県の特色を調べよう」のホワイトボード

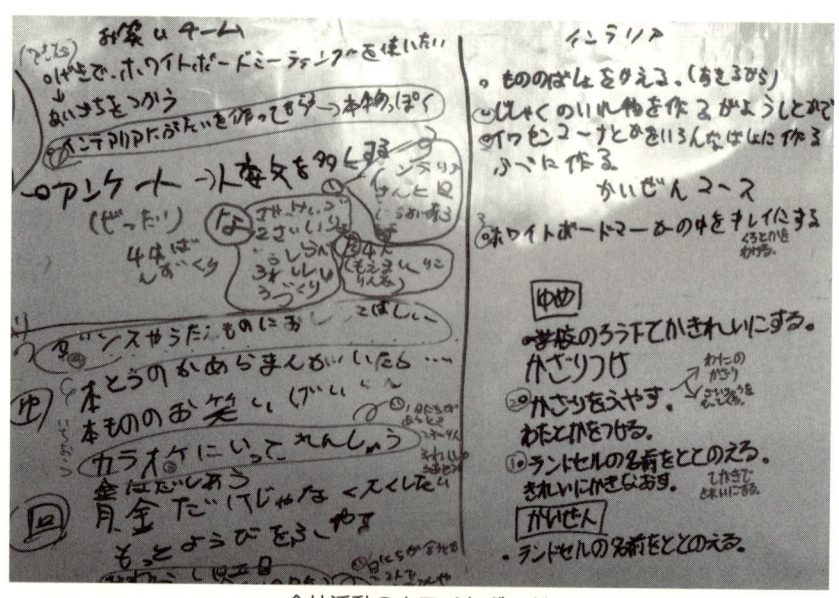

会社活動のホワイトボード

5 １週間後の「クラス目標」のつくり方

> 最初の１週間で、「クラス目標」に向かって振り返りながら進む体験や、温かいイメージを共有したら、いよいよクラスの目標づくりです。

ポイント１　最初の１週間でイメージすることが大事

　仮のクラス目標で「チームワーク」「楽しい」「笑顔」「みんなが中心」「チャレンジ」「一生懸命」「安全」「公平」などを実感できる体験をしたあとに、全員でクラス目標をつくり、書いて、貼り出し、意識して、めざして、振り返って、積み重ねて、更新していきます。

ポイント２　ドキドキ、ワクワクのチャレンジ

　クラス目標は、ドキドキ、ワクワクする言葉でつくります。ギスギスした努力目標ではなく３月にクラスが終わるとき、どんなチームになっていたいかを子どもたちの言葉でつくっていきます。

ポイント３　時間をかけて作成します

　クラス目標をつくる話し合いに１時間。掲示物を作成するのに２時間程度を目安にします。連続３時間で取り組むのが理想的ですが、１時間＋２時間と分けて取り組むことも可能です。

① 授業や学級活動もゴールに向かうアクティビティ

　３月にどんなクラスになっていたい？　みんなで思いを馳せる時間はとても幸せです。クラス目標が決まったら、授業も学級活動も、取り組むたびに振り返り「ちゃんと行動できたか」「もっと近づくためにはどうすればよいか」を考えます。

　チャレンジの機会はあふれています。授業だけではとても足りません。掃除や席替えも一つのチャレンジ。今日の掃除は「どのクラス目標を意識する？」と子どもたちと相談し、チャレンジしてみます。そして振り返ります。

　子どもたちが心から本気で、クラス目標をめざすようになったときが「クラスがチームになってきたなあ」と感じるときです。

　目標を大事にしている。そこに向かうからこそ仲良くできる。トラブルになっても解決しようと思える。クラス目標って大事です。

② クラス目標を育てることでチームが育つ

　クラス目標は決めたあと、どれだけ大事にしていけるかが勝負です。それもクラスの何人かではなく、全員で大事にします。

　節目に読んでみたり、書いてみたり、意識化し、「この目標をめざしてきたから、こうなったよね」と振り返ります。１年間に起きたさまざまな歴史がクラス目標に象徴され、みんなの思いや物語が詰まっていきます。

　だから３月には「みんなで持って帰ろう」と、クラス目標の紙を切って全員で分けて持ち帰るクラスもあります。クラス目標を大事にするって、こんな感じです。全員が参加したプロセスがとても大事。１年間をかけて、チームのみんなで育てていきます。そしてクラス全員でココに

向かって、チャレンジを積み重ねます。

ポイント1　明確な達成基準はありません

　夢みたいな目標でOKです。「こんなふうになりたい」と思う気持ちがよりどころとなり、クラスを一つのチームに育てます。この目標をめざしてきたから、このうれしい気持ちがあると3月に思える。目標を見るたびに思い出す。「ここに行けた」と思えたらそれでOK。1人ひとりの思いや物語がのっかっていくことが大事です。

ポイント2　ゴールとルールを切り分けます

　例えば、「チャイム即着席」がゴールだと残念です。これはルールです。クラス目標は、夢のある、ドキドキ、ワクワクする温かい言葉でつくります。抽象的な軽い表現であっても、子どもの言葉でつくることが大事です。

■ルール例：これはゴール（クラス目標）ではありません!!

- 時間を守る
- 友達と協力して仕事をしよう
- 静かに聴く
- 相手の立場に立って考える
- 返事をする
- チャイムがなったら席につく
- おちついて行動する
- あいさつをする
- けじめをつける

ポイント③　途中で更新するのもアリです

クラス目標が合わなくなってきたら、子どもたちと相談をして、更新し、新しい掲示物に変えるのもアリです。例えば、最初は担任がわざと「みすぼらしい感じ」でつくっておいて、1カ月後に、「クラス目標を大事にしてこれたから、もっとステキな紙にみんなでつくり直そう」と全員でつくり直すタイミングにするのもアリです。

ポイント④　先生も提案します

子どもたちが出した案に「いいな」と思うものがないときは、クラスの一員である先生も提案します。先生が共感できない目標は、本気になってめざせません。「チームワーク」「楽しい」「笑顔」「みんなが中心」「チャレンジ」「一生けん命」「安全」「公平」などで、抜けている要素があるときは、先生も提案しましょう。

ACT㉑ クラス目標づくり

● 進め方…1時間（話し合い）＋1週間後に2時間（貼り出す紙をつくる）
1 仮のクラス目標で、温かい具体的なイメージを共有できてから、取り組みます
2 話し合いに1時間。紙の作成が2時間です。続けて時間を確保するのがむずかしいときは、仮の紙でつくっておきます
3 話し合いの進め方はバリエーション豊富です。クラスの状況をアセスメントしながらスモールステップを大事にします
4 全員が参加できるプロセスを大事にします
5 ドキドキ、ワクワクのチャレンジをクラス全員で本気でめざします

①クラス目標づくり

インストラクション例と進め方

○フォーメーション「前に集合型」
1 みんな前に集まってください。今日はクラス目標をつくります。クラス目標は3月にこのクラスがどうなっていたいか。どんなクラスだったら、毎日、学校に行きたいと思えるか。どんなクラスになっていたら、3月に「このクラス最高！」と言えるかを考えてつくります
2 スポーツは「優勝したい」という気持ちがあるから、一つのチームになって進んでいくよね。だから、ボクたちのクラスも、ここを「めざしていくぞ！」と思えるチームになりたいです。大切なことは、本気でつくって、本気でめざすことです。ドキドキ、ワクワクする言葉で書きます
3 この1週間、仮の目標でやってきたよね。大切にしてきたことは、なんだったかな。隣の人とペアで聴き合ってみてください
4 うん、そうだよね。「チームワーク」「楽しい」「笑顔」「みんなが中

心」「チャレンジ」「一生懸命」「公平」。そんなことを大事にしてきたよね。この1週間を思い出しながら、まずは、1人ひとり、ドキドキ、ワクワクでチャレンジングなクラス目標を考えてみよう。じゃあ席に戻ってください

〇フォーメーション「グループ」
1　A4の紙を1人1枚ずつ配ります。まずは、どんなクラスをつくりたいか自由に書きます。たくさん発散してください（1人で作業）
2　隣の人と見せ合ってください。どちらかではなく、2人の意見を足して、3〜5個の文章にまとめてね（ペアで作業）
3　では次は、グループで、3〜5個の文章にまとめてA3の紙に書きます（ホワイトボード活用OK／グループで作業）
　※子どもたちが、どんなクラスになりたいかを話し合うプロセスがとても大事で、尊い学び合いの時間です

〇フォーメーション「前に集合」
1　では、黒板に貼り出します。ボクがキーワードを整理しながら、まとめていきます（クラス全員で作業／ファシリテーターは先生）
　※子どもたちの意見を拾いながら、先生が整理していく
　※先生がクラス目標にしたい言葉がないときは「ボクはこんなクラスにしたいと思っているけど、入れてもいいかなあ」と提案します。先生からの提案は常に温かく、ポジティブです
2　では、みんなの意見をいくつかにまとめて整理しました。どうかな？ ホントにこれで大丈夫？　これで3月になったら最高！って言えるかな？
　※意見が出てきたらみんなで考えます。意見がなければOK
　※この時点のクラス目標は、まだ「絵に描いた餅」。ここから、育てていくので、煮詰まった話し合いは不要です

※みんなの前で上手に整理するのがむずかしく、自信がないときやじっくり考えたほうがよいときは、いったん、ここで終了します。
職員室にもち帰り落ち着いて整理して、続きは翌日でOKです
3 では、クラス目標はこれに決まりました（読み上げる）。みんなで3月には、クラス目標をめざしてきたから、最高のクラスになれたと思えるように。一緒に進んでいきましょう。とりあえず紙に書いて貼っておきます

②クラス目標を紙につくる作業

インストラクション例と進め方

1 この目標をいつも忘れずに、みんなでめざせるように。模造紙に書いて教室にずっと飾っておきたいと思います。毎日眺めたくなるような掲示物をつくりましょう
2 条件は全員が参加すること。全員が公平にかかわって完成することです。みんなの先輩たちは、こんなのをつくりました（写真や現物を紹介して、具体的なイメージを共有する）
3 模造紙に書く担当を決めます。タイトルを大きな文字で書く、本文の文字をつくる、まわりに飾りつけをする、などの作業があるので、プロジェクトに分かれて取り組みます
4 全員が小さな紙に、この目標を達成するために自分の目標を書きます。模造紙のまわりに、小さな紙を貼って完成です
5 教室の前や後ろに貼り出します

① クラス目標の素材を作ろう
役割分担
タイトル　本文　名札　磁石

②　クラス目標

③　クラス目標

③ クラスの様子をアセスメントする時間

　クラス目標の紙をつくるときに、ボクは子どもたちの様子を観察しています。前に出てくる子や参加しない子も、誰がどんなふうにかかわり合い、また、かかわり合わないのかが、よく見えます。

　自由度が高い時間なので、子どもたちの状況や今、クラスがどんな状態なのかをアセスメントします。できないことがたくさんあっても、その行動は、子どもたちの体験的な学びの成果だから、まずはその姿を受け止めます。

　無用な注意で、子どもたちの関係性を冷やさない。その代わりに、みんなが作業にかかわる「きっかけ」になるような言葉がけをしたり、今、どの情報を共有すれば、子どもたちは見通しをもって動けるかを考えて、「この折り紙でつくった文字って、どうやってつくったの？　教えて」と子どもたちのなかに学び合うプロセスをつくりながら、全員参加を応援します。

　全部の作業を全員で公平にかかわるのがむずかしいときは、一部の作業はボランティアを募ったり、「会社」に委託をします。そのときは「全員がかかわれるプロセスをつくってね」と依頼します。

④ 子どもたちの言葉でつくる

　子どもたちが選んだ言葉は、例えば「涙＆スマイル」。

　正直に告白すると、ボクは英語か日本語かどちらかにしてほしいなあと思ったけど、そのままにしました。子どもたちの言葉であることが大事なんです。

　毎年、6月頃。振り返りジャーナルのテーマを「クラスのいいところ

は？」にすると「目標に近づいてきた」と書く子が多くなります。クラスの4分の1から出始めると、クラスが変わってきたなあと思う時期と一致します。

クラス目標が、「自慢できるクラス」のときもありました。抽象的なんだけど、子どもにとってわかりやすいんですよね。例えば、全校朝会のとき、態度が悪いと「それじゃあ、自慢できるクラスじゃない」と子どもが言う。ピタッとわかりやすい、リアリティのある言葉です。だから、子どもの言葉でつくるって大事です。

『最高のクラスのつくり方』のクラスは、保護者会で「ボクたちと一緒にクラス目標をめざしてほしい」とお願いをして、保護者にもひとことずつ書いてもらって一緒に貼りました。

最初はうまくいかなくて当たり前。トラブルもいっぱい起きる。でもクラス目標に向かっていくから、クラスはだんだんチームになっていく。「最高のクラス」をめざすから、そこに近づいていくことができます。

5　子どもたちが自立した学び手に

子どもたちの成長は本当に素晴らしくて。クラス目標に向かって信頼ベースでチャレンジを続けてきた子どもたちは、自立した学び手に成長していきます。4月の子どもたちとは、もう、まったく違う。そのチャレンジに、ボクは心から敬意を表します。「クラスの土台はイワセンがつくったけど、クラスをつくってきたのは私たち」「イワセン、いなくても大丈夫だよね」、そんな言葉が聞こえてきます。

3学期に入ると、チームは「セパレーション（＝旅立ち）」の時期になります。

進級や卒業でチームが解散することを意識して、この1年間の学びを糧にしながら、クラスが終わっても学びや関係を活かせるように「着地」していきます。とても大切なプロセスです。寂しいけれど、たくましく

育った子どもたちの姿を、教室の後ろから見ながら「これからもがんばって！」とエールを送るのが、ファシリテーターであるボクの最後の役割です。本当に、子どもたちってスゴイんです。

6 学級崩壊を経験した子どもたちのために

◆学級崩壊＝信頼関係の崩壊

　たくさんの学級崩壊したクラスに入りました。

　学級崩壊は、子どもたちが先生の指示に従わない。授業中に暴れる。先生がメンタルダウンして学校に来られなくなるなど、いろんな症状を呈しますが、どの教室にも共通しているのは「信頼関係の崩壊」です。

　クラスのなかに「心の体力」が温まるエンパワメントな関係やドキドキワクワクの方向性（クラス目標）がないと、子どもたちの心は冷えていきます。「怒ることの公平性」で、先生が子どもたちを注意しコントロールしようとする悪循環が、教室の信頼関係を崩壊させます。

　だから最初からクラスを信頼ベースでつくることが大事です。そして、もし、学級が崩壊しそうになったら、できるだけ早く「信頼ベースのクラスづくり」に舵を切る。それも担任だけでなく、学年や学校ぐるみで本書を読みながら、取り組んでほしいと願っています。

◆学級崩壊が起こるプロセスと症状「2・6・2の法則」

　学級崩壊したクラスでよく聞く話は「クラスの数人が授業中、教室を抜け出したり、授業妨害をするので、落ち着いて教室に戻れるようになってほしい」という内容です。

　でも教室に立ってみると、学級崩壊の症状はこの数人ではなく、ほかの子どもたちから見てとれます。

　一般的には、どんな集団も2・6・2のバランスで構成されるといわ

れています。最初の2は、どんな状況でもがんばる子。6は、そんなに目立つことはないけど、粛々とやる「普通の子」たち。最後の2は、さまざまな事情で教室から飛び出したり、「非行」などの問題行動を繰り返す子どもたちです。

　学校は、最後の2の子どもたちの課題を深刻にとらえ、なんとかしたいと必死になります。その結果、この子たちは、手厚いかかわりを得ることができます。しかし、先生が必死になっている間に「放っておかれた」6の「普通の子」たちも、毎日、がんばって学校に来ています。問題行動はなくても、いろんな葛藤とたたかったり、悩んだりもしています。

　でも、そんな自分のことは見向きもされず、自分たちは大切にされていない……と6の子どもたちが学校生活への期待や信頼を見限ったとき、圧倒的なスピードで学級は崩壊します。

　ワチャワチャとアチコチで続く私語。初めて教室を訪れる人に興味がない。パニックを起こして、叫んで暴れる子の横で平然と笑っている子どもたち。注意をすると「ほかのヤツもやってるやんけ」と反発する。

　本当なら、特に問題行動を起こさないはずの「普通の子」たちが、学校生活への意欲をなくし、先生や学校からの裏切りや見捨てられ感を募らせたとき、学級崩壊が起こります。

　困難な課題をもつ子ではなく、その子にかかりきりのあまり、「自分たちは放っておかれた」と感じた「普通の子」たちが中心になって起こす「信頼関係の崩壊」への反応が学級崩壊です。

◆2つの最低条件

　クラスはチームです。同じ教室に物理的に座っているだけなら、権利と権利の衝突が起こり、関係性は冷え込んでいきます。子どもたちが本来もつ力はマイナスに出力されてしまいがち。だから、クラス目標をつくること。それもドキドキ、ワクワクのチャレンジングな目標を共有す

ることが大事です。

　そして個人の目標があること。学期の始めには、自分なりの目標を立てて、振り返りジャーナルに書いておきます。ときどき、また学期の終わりには、目標を振り返り、日々の足跡を愛しむこと。先生は学期の始めと終わりに1人2分でいいから、しっかりと子ども全員と向き合ってエンパワーすることが大事です。

　子どもがそっぽを向いても、そうします。

◆その次にすることは、「冷やす言葉を減らす」「動線を明確にする」

　チームと個人に方向性（目標）をもったら、次に私たちがすることは、積極的に冷やす言葉を減らすことです。学級崩壊を経験している子どもたちは、心の体力が冷えきっています。だから温めきることで間違いありません。でも温める前に、冷やす言葉を減らすことが先決です。

　学級崩壊したクラスの子どもたちは、私たちを困らせる行動をします。説明の途中で質問を繰り返す。机から足を投げ出して座る。授業に参加しない。教科書を出さない。授業中、立ち歩く。隣の子や席の離れた子に、大声で関係のないことを話す。先生をバカにする、などなど。ホントにいろんな行動で私たちを試してくれます。

　これらはすべて子どもたちの体験的な学びの成果による「愛情確認行動」です。体験的な学びだから、学び直しが必要で、すぐには変わりません。時間がかかることが前提で、「やってみて効果がないからやめる」のではなく、「根気よくやり続けてみる」ことが肝心です。

　まずは2週間、徹底して冷やす言葉を減らします。信頼関係ができる前に注意をしても、関係はさらに冷えてこじれるだけだから、子どもたちの問題行動のすべてを注意しない。でも無視をするのでもない。危険な行動でないかぎりは、温かいまなざしで見守ること。怒りは表情に浮かべても言葉にしない。見守られている安心感を、子どもが感じるよう

に伝えます。

そして、「今は、何をするときか」をわかりやすく子どもに届く形でインストラクションします。教室がうるさくて声が届かないのなら、マイクを使います。大声で注意しなくてもいい。やわらかい声で関係性が育めるので、それだけで温まります。また、黒板に何をするときなのかを書くなどの工夫をします。ドキドキ、ワクワクのチャレンジを盛り込みます。

学級崩壊のプロセスには、「待たされる＝冷える」時間の積み重ねがあります。だからこそ、今、何をすべきときかを明確に共有します。
これらを続けながら、本書で紹介するファシリテーションをぜひ、活用してください。「振り返りジャーナル」と「絵本の読み聞かせ」は最低限、やるべき活動です。最初はうまくいかなくてもいい。本書を読み返しながら進めてください。スモールステップで進めていきます。

◆子どもたちの可能性と未来は無限

信頼がベースになると、クラスのパフォーマンスは良くなります。授業の進度、深度もアップします。その結果、子どもたちの学力も高まります。自分でも思ってみなかったような力が出せるときがきます。
家庭状況が厳しいなど、個別の子どもや家庭への支援方法は本書では紹介できませんでしたが、どんなにしんどい生活状況を抱えていても、クラスが安定していると、学校にいる間は子どもたちも落ち着いて過ごせます。逆にクラスが落ち着かないと、差別やイジメが繰り返されます。だからクラスが信頼ベースであることは、大事です。
クラスにいろんな活動があること、「2・6・2」はいつも固定した関係性ではなく、場面によって立場が入れ替わること。1人ひとりの得意や不得意が活かされる多様なつながりや活躍場面があることが大事です。

幸せな子ども時代は、子どもたちのその後の人生をエンパワーしてくれます。だから信頼ベースのクラスをめざし、私たちはチャレンジを続けたい。子どもたちの可能性は無限です。未来は希望に満ちあふれています。
　一緒に進んでいきましょう！

主な参考文献

『効果10倍の学びの技法』吉田新一郎・岩瀬直樹、PHP新書
『「考える力」はこうしてつける』ジェニ・ウィルソン他、新評論
『学校が元気になるファシリテーター入門講座—15日で学ぶスキルとマインド』ちょんせいこ、解放出版社
『元気になる会議—ホワイトボード・ミーティングのすすめ方』ちょんせいこ、解放出版社
『グループのちからを生かす—プロジェクトアドベンチャー入門 成長を支えるグループづくり』プロジェクトアドベンチャージャパン、C.S.L.学習評価研究所
『楽しみながら信頼関係を築くゲーム集（ネットワーク双書—新しい体験学習）』高久啓、学事出版
『アドベンチャーグループカウンセリングの実践』ディック・プラウティ他、プロジェクトアドベンチャージャパン訳、みくに出版
『作家の時間—「書く」ことが好きになる教え方・学び方〔実践編〕』岩瀬直樹他、新評論
『朝の連続小説—毎日5分の読みがたり』杉山亮編著、仮説社
『リーディング・ワークショップ』ルーシー・カルキンズ、吉田新一郎・小坂敦子訳、新評論
『ドラマのある6年の学級経営』園田雅春、明治図書
『9日は学級記念日です』園田雅春、明治図書
『たのしい授業—最初の授業カタログ』1999年4月臨時増刊号、仮説社
『心のなかの幸福のバケツ』トム・ラス／ドナルド・O・クリフトン、高遠裕子訳、日本経済新聞出版社
『最高のクラスのつくり方』埼玉県狭山市立堀兼小学校6年1組（2008年度卒業生）・岩瀬直樹、小学館

おわりに

　学級崩壊したクラスで、一度も怒らずに授業を進めると、いつも怒られ慣れている子どもたちは、「どこまで許されるのか」を確認し、なんとか「突破」しようとして、いっぱいの「愛情確認行動」で私たちを困らせ、試します。
　授業やクラスを潰そうと見える行動も、「やりたいから」ではなく、「得たい何かがある」と私たちはアセスメントします。だから、怒ったところでよくならない。今、注意して収まってもけっして問題が解決するわけでもない。そして「勝手な行動」をしたところで、子どもたちの心は、けっして満たされていないことを、私たちは体験的に知っています。
　だから、従来の注意、指導では解決しません。
　本書は、「先生がファシリテーターになること」を提案し、クラスが一つのチームとして、信頼ベースでつながり、教室がエンパワメントな場になること。そのための具体的な技術や方法を書き進めました。

　今、私たち2人にできる「最高のアウトプット」をめざしてきましたが、原稿を書き進める間にも、2人の実践はドンドン進み、提案したいことが増えるので、当初の予定よりも分厚い本になってしまいました。
　装幀・イラストの天野勢津子さん、編集者の加藤登美子さん、伊原秀夫さんに、特別な感謝を捧げます。

　教職員も信頼ベースの一つのチームになるために。ケース会議や教職員研修の効果的な進め方など。本書に掲載しきれないことは山のように積み残っています。それなりに長きにわたって実践を積み重ねてきた私たち2人は、提案したいことがいっぱいで。執筆途中も、「このままじゃ

あ、辞典になってしまうよねえ」と苦笑いすることもしばしばでした。

　それでもなんとか、学級経営に絞りこみ「かかわりスキル編」として原稿をまとめ、最後の校正で、2人で原稿の読み合わせをしたとき、159ページでやっと「1週間後の『クラス目標』のつくり方」に到達したことに、大笑いしてしまいました。ここまできて、やっとクラス目標？
　どんだけ、丁寧に最初の1週間をつくるねん！と、2人で互いの実践に大笑いです。

　私たちは基本的に怒らずに授業を進めます。その代わり、とても丁寧に子どもたちが学び合うプロセスをつくります。短時間の授業でも。その短時間を積み重ねた毎日の学校生活も。クラスは一つのチームで、ゴールとルールを体験的に学び、共有しながら、子どもたちと過ごしていると怒らずに授業や学級活動を進めることができます。
　これは、人間性や性格とかではなく、ファシリテーションという技術です。だから練習すれば誰でもできるようになります。

　子どもたちを、私たちの思いどおりに動かすためにコントロールするのではない。教室のお客さんにするのでもない。たった一度しかない、大切な子ども時代を幸せに過ごすために。子どもたちが、自分の人生の当事者として、幸せに生きていくために。
　私たちは子どもたちに敬意を払い、「心の体力」を温め、自己選択、自己決定に支えられた「自分らしい生き方」や「他者との協働」を支えるファシリテーションを紹介しました。私たちの筆力が及ばず、みなさんに十分、届いたどうか不安な面もありますが、足りない部分は、みなさんの実践でカバーしていただけたらと思います。

　私たちは心の体力を温めることを大事にしますが、同時に「温め過ぎ

る」ことにも、とても慎重です。チームが安定すると、子どもたち１人ひとりが抱える個別の課題は見えにくくなります。温めきったクラスは、チョットやそっとのことで揉める必要がなくなり、対立すら吸収してしまいます。こうなると、表面的には仲が良くて、とてもステキなクラスに見えるのですが、子どもたちが抱える課題は、内包したままで、問題を先送りにしているだけにすぎません。

　子どもたちの長い人生を見通したとき、適切なときに適切な不安定さを抱え、課題解決をしたり、やり過ごしたりする経験は、とても尊いものです。この機会を奪いたくはありません。

　だから、クラスは常に何かしらの不安定さを抱えながら進みます。課題に直面するとクラスは揺れますが、これも大事なプロセスです。教室は社会の縮図で、リアルな課題がもちこまれる場所。けっして、パラダイスにはしたくないと思っています。でないと、教室を出て冷えた場面に行くと、子どもたちは、途端にションボリしてしまいますもんね。骨太でありたいです。

　長い人生を見通して、今この時期に、どんな課題に直面しておくのがいいのか。今、何を乗り越えておく必要があるのか。子どもたちと相談しつつ、アセスメントもしつつ進めていきます。

　しんどい課題を、自分なりに乗り越えようとするときには、泣いたり、わめいたりもします。子どもも、クラスも、私たちも揺れるけど。でも信頼がベースにあれば大丈夫。少しずつスモールステップで乗り越えていく体験が、やがて、大人になった子どもたちを支えてくれます。

　幸せな子ども時代のために
　信頼ベースのクラスをつくる

　本書はシリーズで発行する予定で、次刊は、今回、紹介しきれなかっ

た「子どもホワイトボード・ミーティング」の授業や学級活動での進め方について、詳しく説明したいと考えています。子どもたちがファシリテーターになっていく具体的な方法を提案していきます。

　ファシリテーションは移動可能なスキルなので、大人になってチームで何かをやっていくとき、子ども時代の経験や技術が活かされます。そんな豊かな学びを教室で構築したい。確かな技術が、大人になった子どもたちを支えてくれたらいいなあと願っています。

　そのために。まずは、この本をひとりでも多くの先生方に読んでいただきたいと思っています。子ども時代に、チームでゴールをめざした体験も、やはり、子どもたちの未来を豊かなものにしてくれます。

　紹介した全部のアクティビティに取り組むことはむずかしくても、適切な時期に、良いタイミングを選んで、丁寧にプロセスをつくってみてください。そして、うまくいっているときにも、ときどき読み直して、コンセプトや方法を確認していただけたらと思っています。自分の実践を紹介した著者の私たちでさえも、何度もこの本に立ち返って確認しています。

　私たちは、これから先生＝ファシリテーターの提案を始めていきます。

　１人ひとりがエンパワメントされる社会に近づいていく。
　そのための具体的な道筋をつくっていきたいと思っています。　この本を読んでくださったみなさん。一緒に歩いていきましょう。幸せな子ども時代のために。そして私たちの幸せのために。
　私たちのチャレンジは、始まったばかりです。

　　　2011年2月11日　　　　　　　　　　　岩瀬直樹　ちょんせいこ

岩瀬 直樹（いわせ なおき）
1970年生まれ。埼玉県公立小学校教諭、東京学芸大学教職大学院准教授を経て、一般社団法人軽井沢風越学園校長・園長。ファシリテーター。信頼ベースの学級ファシリテーション、リーディング・ワークショップ／ライティング・ワークショップ、学びの個別化など学習者中心の授業、学級、学校づくりに取り組む。
著書に、『せんせいのつくり方 "これでいいのかな"と考え始めたわたしへ』（旬報社、共著）、『「最高のチーム」になる！ クラスづくりの極意』（農文協）、『最高のクラスのつくり方』（小学館、子どもたちとの共著）、『作家の時間―「書く」ことが好きになる教え方・学び方〔実践編〕』（新評論、企画・共著）、『効果10倍の学びの技法』（PHP新書、共著）、『学級づくりの「困った！」に効くクラス活動の技』（小学館、共著）、『よくわかる学級ファシリテーション①～③』（解放出版社、共著）などがある。
ブログ：いわせんの仕事部屋　http://d.hatena.ne.jp/iwasen/

ちょん せいこ
ホワイトボード・ミーティング®開発者。株式会社ひとまち代表取締役。ビジネスからボランティアまで、多様な領域で、会議や研修、事業推進におけるファシリテーター養成に取り組む。教育現場では公開授業や授業指導を通じて、先生と子どもたちがファシリテーターになる信頼ベースの学級づくりを推進している。
主な著書に『人やまちが元気になるファシリテーター入門講座―17日で学ぶスキルとマインド』『元気になる会議―ホワイトボード・ミーティングのすすめ方』『よくわかる学級ファシリテーション①～③』（いずれも解放出版社）、『話し合い活動ステップアッププラン』『ちょんせいこのホワイトボード・ミーティング』（小学館）などがある。
https://wbmf.info/

信頼ベースのクラスをつくる
よくわかる学級ファシリテーション①
――かかわりスキル編

2011年 3月30日　初版第 1 刷発行
2021年 1月10日　初版第10刷発行

著　者　岩瀬　直樹ⓒ
　　　　ちょん せいこⓒ

発　行　株式会社 解放出版社
　　　　552-0001　大阪市港区波除4-1-37　HRCビル3F
　　　　TEL 06-6581-8542　FAX 06-6581-8552
　　　　東京事務所
　　　　113-0033 文京区本郷1-28-36 鳳明ビル102A
　　　　TEL 03-5213-4771　FAX 03-5213-4777
　　　　振替 00900-4-75417　ホームページ　http://kaihou-s.com
　　　　装幀・本文イラスト　天野勢津子
　　　　本文レイアウト　伊原秀夫

印刷・製本　モリモト印刷株式会社

定価はカバーに表示しております。落丁・乱丁おとりかえします。
ISBN978-4-7592-2147-3　NDC370　178P　21cm

解放出版社の本

よくわかる学級ファシリテーション① かかわりスキル編
岩瀬直樹・ちょんせいこ著　Ａ５判・178頁（カラー４頁）　定価1900円＋税　ISBN978-4-7592-2147-3

学級崩壊にならないために教師が子どもたちを信頼して力を引き出し、共に最高のクラスをつくるため必要なファシリテーション力。学級経営に悩む人に効果的・具体的スキルを紹介するシリーズ１冊目。

よくわかる学級ファシリテーション② 子どもホワイトボード・ミーティング編
岩瀬直樹・ちょんせいこ著　Ａ５判・134頁（カラー４頁）　定価1700円＋税　ISBN978-4-7592-2148-0

子どもたちがファシリテーターになり、教室の中に良好なコミュニケーションや「読む、聴く、話す」文化を育む授業や学級活動に必須の入門書。小学校４、５年生から読める。信頼ベースのクラスをつくるシリーズ２冊目。

よくわかる学級ファシリテーション③ 授業編
岩瀬直樹・ちょんせいこ著　Ａ５判・320頁（カラー８頁）　定価2200円＋税　ISBN978-4-7592-2154-1

教師も子どももファシリテーターとなるクラスではお互いの信頼に支えられ授業をつくっていく。第１〜第５までのステップに分け、小学校国語をはじめ、社会、理科、算数など著者のほか各地の授業事例を紹介しながら提案する。

よくわかる学級ファシリテーション・テキスト
ホワイトボードケース会議編
岩瀬直樹・ちょんせいこ著

Ｂ５判・103頁（カラー４頁）　定価1500円＋税　ISBN978-4-7592-2152-7

授業中にたち歩く、子ども同士のケンカが絶えない、教師はついつい怒ってばかり。そんな多くの「困った事例」を解決するホワイトボードを使ったケース会議を提案する。イラストを多様して楽しく練習を積めるよう工夫したテキスト。

元気になる会議　ホワイトボード・ミーティングのすすめ方
ちょんせいこ著

Ａ５判・142頁　定価1600円＋税　ISBN978-4-7592-2345-3

安心して発言できる、成果があがる、メンバー同士で聴き合う元気な会議にするためには何が必要か。ホワイトボード・ミーティングを中心にファシリテーターに必要なスキルとマインドを多くの具体例と写真・イラストで学ぶ入門書。

ファシリテーターになろう！
６つの技術と10のアクティビティ
ちょんせいこ、西村善美、松井一恵著

Ｂ５判・83頁　定価1400円＋税　ISBN978-4-7592-2347-7

企業、地域、福祉、学校などの研修や交流会の場で、ファシリテーターは参加者の豊かな対話と学び合う関係のなかでチームを育む。６つの技術と10のアクティビティでファシリテーターになる基礎的練習をする入門テキスト

人やまちが元気になるファシリテーター入門講座
17日で学ぶスキルとマインド
ちょんせいこ著　Ａ５判・147頁　定価1500円＋税　ISBN978-4-7592-2338-5

受けてよかったと思える研修や一人ひとりの意見が反映される有意義な会議にするために、進行役であるファシリテーターに必要な智恵と工夫と実践が満載。みんなの力を引き出し、人間関係を豊かにしてくれる17日間の基礎講座。